绍兴文理学院出版基金资助

史正东◎著

WOGUO YINGYONGXING DAXUE ERJI XUEYUAN
NEIBU ZHILI JIEGOU YANJIU

我国应用型大学二级学院内部治理结构研究

海洋出版社

2023年·北京

图书在版编目（CIP）数据

我国应用型大学二级学院内部治理结构研究 / 史正东著. —北京：海洋出版社，2023.8

ISBN 978-7-5210-1156-2

Ⅰ. ①我… Ⅱ. ①史… Ⅲ. ①高等学校－学校管理－研究－中国 Ⅳ. ①G647

中国版本图书馆 CIP 数据核字（2023）第 233878 号

总 策 划：刘　斌
责任编辑：刘　斌
责任印制：安　淼
排　　版：海洋计算机图书输出中心　晓阳
出版发行：海洋出版社
地　　址：北京市海淀区大慧寺路 8 号
100081
经　　销：新华书店
技术支持：（010）62100055

发 行 部：（010）62100090
总 编 室：（010）62100034
网　　址：www.oceanpress.com.cn
承　　印：涿州市般润文化传播有限公司
版　　次：2023 年 8 月第 1 版
2023 年 8 月第 1 次印刷
开　　本：787mm×1092mm　1/16
印　　张：10.75
字　　数：203 千字
定　　价：88.00 元

前　言

研究应用型大学二级学院内部治理优化问题，对于推动我国应用型大学改革与发展，促进应用型大学走符合中国实际、彰显中国特色的发展道路具有重要的现实意义。本研究基于笔者在应用型大学二级学院长期的教育管理工作实践，运用文献研究、调查研究、案例研究和比较研究等方法，依据高等教育管理相关理论，分析我国应用型大学二级学院内部治理的基本模式、主要特征和存在的问题及原因。同时，在借鉴德国应用技术大学学院内部治理经验的基础上，提出完善我国应用型大学二级学院内部治理的策略。

随着应用型大学建设任务的推进和校院管理重心下移，二级学院将会获得更多的内外部办学资源，承担更大的办学责任，发挥更重要的作用。在此过程中，内部治理模型也经历了一个不断发展演变的过程，从单向直线模型向双向互动模型转变，再转向平面多维互动模型，最终形成了一个立体多维互动模型。这个模型的构建，可以为后续应用型大学二级学院内部治理研究提供理论分析框架。

通过对全国 41 所应用型大学章程文本分析，以及对国内 3 所典型的应用型大学二级学院内部治理进行案例分析后发现，应用型大学在校院两级治理、二级学院内部治理、社会力量参与二级学院内部治理等方面进行了一定的探索。我国应用型大学二级学院内部治理表现为二级学院内部治理主体多元化、科层制的行政机构与扁平化的专业机构相结合、内部治理主体相互交叉、社会力量有限参与内部治理等主要特征。通过分析，发现部分应用型大学存在校院两级管理推进乏力、内部治理主体错位、社会力量参与治理不够深入、内部自主运行效率低下等问题。这些问题表明，我国部分应用型大学二级学院制度体系缺乏变革创新、治理结构缺乏整体设计、组织架构缺乏应用特性、运行机制缺乏系统调整。

在党委（党总支）领导下，完善我国应用型大学二级学院内部治理，促进学校尽快实现转型发展的主要策略：从完善大学章程、优化规章制度，提出建立实现多元共治的制度体系；落实行政主体的双重职责，实行多元主体合作治学；从建立扁平化的行政组织、应用型的教学组织、竞争性的科研组织，提出搭建遵循应用逻辑的组织架构；从建立统一协调的决策机制、构建问题导向的执行机制、健全快速响应的监督机制，提出打造体现高效协同的运行机制。

目　　录

第一章　绪论

应用型大学是发达国家高等教育体系中的一种重要类型，承担着培养高层次应用型人才、开展应用型研究和服务经济社会发展的职责。进入 21 世纪后，我国应用型大学兴起并较快发展。我国应用型大学是在政府强力推动和市场相对乏力的环境中发展起来的，主要是通过转型而非新建大学来建设的。目前，我国部分应用型大学转型较为缓慢，建设成效不明显，迫切需要以其办学主体——二级学院内部治理为切入点，完善切合应用型大学特性的二级学院内部治理。

第一节　研究背景与意义

大学治理是国家治理的重要组成部分，要围绕“坚持和完善共建共治共享的社会治理制度”，建立起具有中国特色的大学内部治理。我国的应用型大学如果按照传统的学科逻辑进行建设，难以实现其转型目标，亟须完善办学主体——二级学院的内部治理，从而提高质量，形成办学特色。研究我国应用型大学建设问题，探讨其二级学院内部治理，不仅有利于丰富大学治理理论内涵，而且还对加快推进应用型大学转型发展具有重要的指导意义。

一、研究背景

（一）国家治理现代化对大学治理提出了新要求

我国正在深化教育领域综合改革，这是国家全面深化改革的重要组成部分，也是国家推进社会事业改革创新的重要内容。对于高等教育而言，需要深入推进管、办、评分离，扩大高校办学自主权。而完善高校内部治理是深化高等教育综合改革的着力点。《中国教育现代化 2035》对教育的功能定位作了进一步明确，高校要承担起实现教育重要使命的职责，就需要在内部治理上进行变革，努力实现教育“四个服务”的功能。我国正在依照中国特色社会主义制度，“坚持和完善共建共治共享的社会治理制度”，推进国家治理体系和治理能力现代化。大学治理是国家治理体系和治理能力现代化的内容之一，须遵循国家治理的价值逻辑。随着我国治理体系和治理能力现代化的不断深入，政府赋予大学更多的自主权，大学拥有充分的自主权之后，就要通过建立合适的内部治理结构来运行。

（二）普及化阶段高校特色发展亟须完善二级学院内部治理

1978 年，我国的高等教育毛入学率只有 1.55%；1999 年开始大学扩招，我国高等教育快速迈向大众化；2019 年，高等教育毛入学率达 51.6%，我国高等教育进入了普及化阶段。高等教育逐步成为人们职业生涯的“基础教育”。高等教育要更加注重知识的应用，更好地满足人民的需求和经济社会发展的需要。

中国特色社会主义进入新时代以来，高校办学自主权进一步扩大，与社会的合作关系成为未来高校面对的外部关系重心；从高校的内部关系来看，高校获得更多的办学自主权后，为了激发二级学院内部的组织活力，以二级学院内部改革促进学校发展，高校内部管理的重心将转向二级学院内部组织，通过完善二级学院内部治理，推动学校特色发展。站在新的历史起点上，我们必须科学把握高等教育发展面临的新形势，走出一条符合中国实际、彰显中国特色的高质量内涵式发展之路。

（三）应用型大学发展需要完善其内部治理

1999 年以来，一大批专科学校经教育部正式批准，通过升格、转制、合并等方式成为普通本科高等学校，这些高校因开展本科教育的历史较短，通常被称为“新建本科院校”。2018 年，我国新建地方本科院校（含独立学院）共 702 所，占全国普通本科院校的 56.47%①。部分新建本科院校以及地方本科高校存在办学定位不清晰、发展方向不明确、人才培养规格雷同化、专业设置不合理等问题。如何引导这些高校找到合适的发展之路是国家发展高等教育的重要任务。

2015 年 3 月，“引导部分地方本科高校向应用型转变”在国务院政府工作报告中提出。2015 年 10 月，教育部等部门联合发布的《关于引导部分地方普通本科高校向应用型转变的指导意见》（以下简称《转型指导意见》）提出：转型高校

---

① 李世奇，张珏，2020. 新一轮高校空间布局面临的挑战及其应对[J]. 教育发展研究，(5):6-12.

可以与行业企业、产业集聚区共建共管二级学院。2016 年 3 月，“推动具备条件的普通本科高校向应用型转变”在国务院政府工作报告中再次予以强调。国家教育事业发展“十三五”规划提出，加快建成一批为地方经济和社会发展服务的高水平应用型高等学校。

国家不仅对加快普通本科高校向应用型转变提出了明确要求，而且对其内部治理变革指明了方向。但是，目前部分向应用型转变的高校采用传统的内部治理，承担办学主体的二级学院按照原来的学科逻辑进行建设，高校与社会的合作还停留在表面，校企合作、产教融合推进缓慢，高校服务地方经济社会发展成效不明显，办学特色不鲜明，转型高校亟须进一步完善内部治理，建立起基于面向社会需求、解决社会发展问题的应用逻辑的内部治理。

二、研究意义

（一）理论意义

（1）扩宽了大学治理理论的研究边界。本研究选取应用型大学作为研究对象，将其办学主体——二级学院作为观测点，通过内部治理作为切入点进行研究，在一定程度上充实了大学治理理论的研究内容和研究类型，将大学治理理论的研究范围拓展至大学二级学院治理以及不同类型大学的治理。

（2）丰富了大学治理理论的分析框架。我国迫切需要完善应用型大学治理，构建起具有中国特色的应用型大学治理体系。本研究试图围绕应用型大学二级学院内部治理要素，运用文献研究、调查研究、案例研究和比较研究等方法，以及高等教育内外部关系规律、委托代理理论、利益相关者理论和协商治理理论进行理性审视，用以分析应用型大学二级学院内部治理，对完善应用型大学二级学院内部治理具有重要的理论意义。

（二）实际应用价值

（1）及时回应了应用型大学二级学院治理实践需求。我国应用型大学二级学院在内部治理方面进行了长期实践和探索。但从实际状况来看，其实践过程出现了偏离二级学院治理改革的初衷或改革未落到实处等问题。我们必须要反思这些问题，才能够有的放矢地采取措施，进一步推进我国应用型大学建设。本研究将通过文本分析和案例研究，总结应用型大学二级学院内部治理的基本模式和主要特征，查找存在的问题并分析其原因，并借鉴德国应用技术大学建设的成功经验，切实解决应用型大学转型过程中的实际问题。

（2）提出了完善应用型大学二级学院内部治理的有效路径。我国应用型大学的建设，是在政府强力推动和市场相对乏力的环境中开展的，主要是通过转型而非新建大学来推进的。在转型过程中，迫切需要提出切合应用型大学特性的二级学院内部治理来推进应用型大学建设。本研究通过理论分析和实践总结提出的应用型大学二级学院内部治理，是区别于研究型大学的，是根据应用型特性提出来的，能直接为向应用型大学转型的高校治理提供重要参考。

第二节　核心概念界定

本研究首先要明确什么是应用型大学？应用型大学区别于其他类型大学的特性是什么？进而剖析“二级学院”“内部治理”的具体内涵，以此确定本研究所要解决的主要问题。因此，本研究将对“应用型大学”“二级学院”“内部治理”进行概念界定。

一、应用型大学

应用型大学的具体形式和发展方式在不同时期、不同国家有较大变化，如德国应用技术大学、美国社区学院、英国多科技术学院、澳大利亚的科技大学等①。2010 年后，我国的应用型大学得到迅速发展，部分地方高校以各种形式探索应用型大学的发展路径。

龚震伟于 1998 年提出了“应用型本科”的概念，认为“应用型本科”是对传统本科教育反思后的现实追求，加强应用性已成为高等教育体制改革的要求②。从 2005 年开始，关于应用型大学建设的研究逐渐增多。潘懋元先生认为应用型本科就是以培养应用型人才为主、以培养本科生为主、以教学为主、以面向地方为主③。潘懋元认为：“提出应用型本科院校，是为了既区别于传统的学术型大学，也区别

---

① 朱建新，2019．地方应用型大学变革研究——以 X 学院为例[D]．浙江大学博士学位论文．

② 龚震伟，1998．应用型本科应重视创造性的培养[J]．江南论坛，(3):41．

③ 潘懋元，2010．什么是应用型本科?[J]．高教探索，(1):10-11．

于高等职业技术院校……应用型不是层次的高低，而是类型的不同。”[①]付八军对应用型大学的概念也持有类似的观点，他认为，应用型大学是以“学以致用”而不是“学以致知”作为学术目标的大学[②]。

教育部《关于“十三五”时期高等学校设置工作的意见》提出，以人才培养定位为基础，我国高等教育总体上可分为研究型、应用型和职业技能型三大类型。研究型高校主要以培养学术研究的创新型人才为主，开展理论研究与创新，研究生培养占较大比重。应用型大学主要从事服务经济社会发展的本科以上层次应用型人才培养，并从事社会发展与科技应用等方面的研究。职业技能型高校主要从事生产管理服务一线的专科层次技能型人才培养，开展或参与技术服务及技能应用型改革与创新。教育部、国家发展和改革委员会、财政部发布的《关于引导部分地方普通本科高校向应用型转变的指导意见》要求，应用型大学的办学思路应转到服务地方经济社会发展上来，转到产教融合、校企合作上来，转到培养应用型、技术技能型人才上来。上述“两则意见”对“应用型大学”的概念和定位都作了一定说明，对本书进一步界定“应用型大学”概念具有重要指导意义。

本书中指的“应用型大学”，是区别于传统学术型大学和高职院校的大学或学院，是遵循应用逻辑，以主张学以致用，培养本科以上层次应用型人才，开展应用性研究，以服务地方经济社会发展作为办学目标，以产教融合、校企合作作为办学路径的普通本科高校。应用型大学与传统学术型大学的区别主要在于两者不同的知识逻辑，应用型大学遵循的是应用逻辑，注重的是知识的应用，以服务地方经济社会发展为目标，培养的是应用知识的人才；传统学术型大学遵循的是学术逻辑，注重的是知识的创造，以开展理论研究与创新为目标，培养的是创造知识的人才。应用型大学与高职院校的区别主要在于两者不同的人才培养层次和知识应用层次，高职院校主要培养从事生产管理服务一线的专科层次技能型人才，知识应用主要体现在开展或参与技术服务及技能应用型改革与创新，而应用型大学培养的是主要从事服务经济社会发展的本科以上层次应用型人才，同时从事社会发展与科技应用等方面的研究。

二、二级学院

学院一词源于西方，在英语语义中，与“学院”相对应的高等教育组织主要

① 潘懋元，车如山，2009．略论应用型本科院校的定位[J]．高等教育研究，(5):35-38.

② 付八军，2016．学以致用:应用型大学的灵魂[J]．教育发展研究，(19):24-29.

有“school”“college”“faculty”“institute”“academy”等。学院最早产生于公元11 世纪的欧洲，是当时的学者和学生为了维护共同利益而组成的“学者行会”。大学产生初期，学院是住宿场所，欧洲最早的学院是 1180 年设立于巴黎大学的迪克斯–惠特学院（CollègedeDit–Huit）。13 世纪后，随着大学发展规模的扩大，形成了不同的学院，诸多大学都设立了学院。中世纪后期，随着大学发展，学院更多表现为一种学术组织，成为同一学科的师生共同生活和学习的场所，后来逐渐发展成为具有自治或半自治性质的学术团体，直至成为大学或学部的最基本的教学和行政单位。①

我国主要有以下 4 种学院类型：

（1）具有法人资格的、可以独立开展办学活动的公办或民办教育单位，如绍兴文理学院、嘉兴学院、宁波财经学院等；

（2）存在于学校内部的某种行政管理组织，如继续教育学院等；

（3）由高校与政府、企事业单位或个人联合举办的具有独立法人资格的学院，如浙江工业大学之江学院、浙江理工大学科学与艺术学院、绍兴文理学院元培学院等；

（4）隶属于学校法人、在学校统一领导下的内部集教学、科研和行政管理于一体的二级组织机构，一般是基于学科或专业群建立的，也就是我们常说的二级学院。

本文中指的“二级学院”，是根据人才培养、学科建设等方面的需要设立的，是学校下属的内部集教学、科研和行政管理于一体的二级组织机构。二级学院在学校有关规章制度范围内自主开展人才培养、科学研究、社会服务和文化传承创新等活动，接受学校统一领导。学校本着事权相宜和权责一致的原则，在人、财、物等方面规范有序地赋予二级学院相应的管理权，指导和监督二级学院相对独立地自主运行。二级学院一般都设有二级党组织（党委或党总支），发挥领导作用，并在学校党委的领导下开展工作。

三、内部治理

1975 年，新制度经济学主要代表人物奥利弗·E. 威廉姆森（Oliver E. Williamson）最先提出“治理结构”的概念，他将其界定为“一个组织中各种利益群体的相互

---

① 黄福涛，2003. 外国高等教育史[M]. 上海:上海教育出版社.

关系，意指通过权力的配置和运作机制来达到关系的平衡，以保障组织有效运作并实现其根本目的”[①]，他认为治理结构是促进组织成长与发展的所需制度的本质与核心[②]。20 世纪 90 年代后，大学治理逐渐成为国内高教学界的研究热点之一。本研究提到的应用型大学二级学院“内部治理”是指应用型大学二级学院内部协调利益相关者的制度安排、治理结构、组织架构和运行机制。

第三节 文献综述

目前，关于应用型大学及大学治理的研究文献比较丰富，而关于应用型大学二级学院内部治理的文献相对较少。在中国知网进行检索，截至 2023 年 4 月 21 日，有关情况如下：以“应用型大学”为主题，检索到相关文献 9895 篇，分布在 1985 年以后；以“大学治理”为主题，检索到相关文献 5385 篇，主要分布在 2002 年以后；以“大学内部治理”为主题，检索到相关文献 1090 篇，分布在 1997 年以后；以“大学二级学院内部治理”为主题，检索到相关文献 77 篇，分布在 2011 以后；以“应用型大学二级学院内部治理”为主题进行检索，则检索不到相关文献。可见，关于应用型大学二级学院内部治理的直接研究还很少，且相关文献主要分布在 2011 年之后。关于应用型大学及大学治理的研究文献为本研究提供了坚实的基础。尤其是关于大学内部治理的研究，对本研究具有重要的启发和借鉴意义。

一、关于应用型大学的研究

如上所述，以“应用型大学”为主题，截至 2023 年 4 月 21 日，在中国知网进行检索，相关文献分布在 1985 年以后。在 2002 年以前，文献相对较少，无明显变化；从 2003 年起，研究文献呈逐渐增多趋势。如图 1-1 所示。

---

① 赵文华，龚放，2007．现代大学制度:问题与对策[M]．上海:上海交通大学出版社，74．

② Williamson，1975．Markets and hierarchies:Analysis and antitrust implications[M]．New York:Free Press，234．

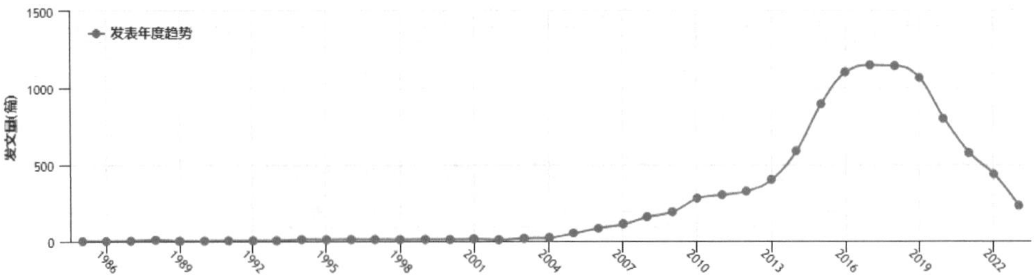

图 1-1 1985-2023 年应用型大学研究文献分布

资料来源：自制。

（一）国内应用型大学内部管理缺乏理论转化为实践的机制

潘懋元先生提出，应用型本科教育的课程建设不能依照研究型大学和职业教育，而是应该着重于这个理论如何转化为实践，如何应用到实践中去；在产学研结合方面，现在国外许多高校设置了研究规划处，专门与企业合作，重视实训，使教学更好地贴近实际；在师资队伍建设上也要有“双师型”，让有实际经验的教师进入应用型大学[①]。潘懋元先生从课程建设、产学研结合、师资队伍建设等方面指出了应用型本科教育存在的不足，这些不足的根源是理论与实践没有紧密结合，在应用型大学内部管理中缺乏推动理论转化为实践的机制，无法使理论与实践形成双向互动，不能真正促进应用型人才培养。

培养应用型人才的核心理念是“深化产教融合、校企合作”。刘献君认为，我国地方本科高校亟须向应用型大学转型，并且不能脱离产业闭门造车来培养应用型人才[②]。产业与教育属于两个不同的系统，两者要实现融合关键在于建立社会参与高校人才培养的互动机制，实现产业与教育相互促进、共同发展。

一些地方本科院校在自身具有一定办学基础以后，虽然仍以地方性和应用型来给自己定位，但往往以研究型大学为参照，更倾向于实施学术型教育和培养学术研究型人才，放弃原有的学科专业特色和优势，导致出现人才培养模式无特色、无个性的局面，无法突出人才培养的特色、亮点和竞争力。[③] 有学者认为，地方本科高校向应用型大学转型的人才培养困境是盲目新设热门专业，专业设置脱离地方产业，缺乏灵活的专业调节机制；课程设置及教材编写缺乏行业产业参与，

① 潘懋元，2010．什么是应用型本科?[J]．高教探索，(1):10-11．

② 刘献君，赵彩霞，2022．在融合中生长:应用型人才培养路径探索[J]．高等教育研究，(1):79-85．

③ 严彦，2023．地方本科院校教育评价改革路径探析[J]．中国高等教育，(Z3):39-42．

体现不出人才培养与地方产业需求的对应性及经济社会发展的适切性，培养出来的人才难以与地方产业需求对接①。培养应用型人才，必须在专业布局、课程设置和师资队伍建设上与社会需要密切结合，在组织架构上设置有利于地方本科高校与行业产业有效互动的组织机构。

（二）国外应用型大学与社会良性互动的关键在于多方参与的合作机制

关于国外应用型大学的研究成果非常丰富，且相对集中在美国赠地学院、英国新大学和德国应用技术大学等方面。

1.关于美国赠地学院研究

杨九斌、卢琴认为，美国赠地学院的发展几经曲折。办学之初，赠地学院面临办学经费捉襟见肘、生源不佳等一系列困境。随后，相关配套法案的出台为赠地学院的发展奠定了坚实的基础。得益于多方努力，赠地学院方才在襁褓中不断成长，其在社会服务职能等方面获得较好发展，成为美国高等教育的重要组成部分。②

亓丽媛、李涛在《美国赠地学院对我国高等教育改革的启示》中提出，高等学校要针对社会对人才需求的情况，契合性地进行人才培养。高校既要根据社会生产需求，培养出适合社会需要的人才，也应通过人才培养，引领社会经济发展的方向。③冉育彭认为，美国赠地学院建设给我们的启示是应该依法加大国家对高等教育的资助，给大学更多的办学自主权；高校要积极主动地服务地方经济社会发展，加强应用性及技能型人才培养④。刘中晓、孙元涛认为，应用型大学作为一种新型大学，要想改变在高等教育场域中边缘化的结构困境，避免与研究型大学同质，就需要按照应用取向的学术观来办学，培育自己的核心资本，构建起应用型大学的组织基模。把办学思路真正转到服务地方经济社会发展上来，转到产教融合校企合作上来，转到培养应用型技术技能型人才上来，转到增强学生就业创业能力上来。以应用型为导向的美国赠地学院模式可以作为高等教育场域中的“组织典范”和组织模板，供应用型大学识别模仿与学习借鉴。⑤

美国赠地学院在人才培养、科学研究、服务地方上都非常注重与社会的良性

---

① 吴业春，2020．地方应用型大学建设:定位、定向与定力[J]．国家教育行政学院学报，(10):11-16.

② 杨九斌，卢琴，2021．艰难中的卓越:《莫里尔法》后美国赠地学院之嬗变[J]．教育学术月刊，(2):12-19.

③ 亓丽媛，李涛，2011．美国赠地学院对我国高等教育改革的启示[J]．中国电力教育，(32):1-6.

④ 冉育彭，2012．美国赠地学院建设给我们的启示[J]．重庆科技学院学报(社会科学版)，(15):149-151.

⑤ 刘中晓，孙元涛，2023．论应用型大学“学术漂移”及其治理[J]．高教探索，(3):5-11.

互动，充分发挥政府、高校、社会等多方的能动作用。

2. 关于英国新大学研究

柳友荣在《英国新大学运动及其对我国应用型本科教育的启示》中提出，19世纪之前以牛津、剑桥为代表的传统英式大学拒绝“降低门户”开展技术教育。随着工业革命的推动，英国经济社会对技术型、应用型人才的需求大增，新大学运动由此应运而生。英国新大学运动的发展对我国开展应用型本科教育有如下启示：大学的内在逻辑是一切大学的准则，外延式发展是大学改革的可信赖路径，在秉持传统的同时不应囿于传统。[①]

之所以称为新大学，最重要的一点就在于大学的性质同传统大学相比发生了改变。科学与技术教育正式进入高校恰是这种改变的突出表现[②]。胡钦晓认为，英国新大学的内部组织没有承袭传统大学的寄宿学院制模式，而是按照学科学院的模式进行划分。在实际管理运作中，“旧大学”往往自恃优越，对政府介入持抵制态度；“新大学”因受制于政府，对其介入则往往表示认同与支持。前者傲慢、后者顺从的状态，导致在大学内部治理中，“旧大学”倾向于民主，“新大学”则趋于集中[③]。“新大学”趋于集中的特点反映了大学的定位和功能正在发生变化，大学除了关注内部系统，还需要处理外部关系。英国新大学以市场化方式调整了政府和社会在高等教育中的角色地位，增强了大学适应社会的能力。大学内部治理开始与市场接轨，逐步形成以治理主体多元化和“企业家式”运作为特征的“共同治理”模式。

3. 关于德国应用技术大学的研究

德国应用技术大学是德国高等教育的一种重要类型。牛金成认为，德国应用技术大学专业人才培养方案具有结构固定化、可塑性小，培养目标与总培养目标高度一致；以职业能力为核心设置模块化课程；人才培养过程及其质量标准清晰透明；突出实践教学，实践教育体系完善；强调专业教育，通识教育略显不足等特点[④]。孙晓敏认为，德国目前的应用技术型大学以培养能运用科学知识与方法解决实际问题的科学应用型人才为目标，强调专业的应用性和针对性，注重教学的

---

① 柳友荣，2011．英国新大学运动及其对我国应用型本科教育的启示[J]．高等教育研究，(8):94-99.

② 卢纪垒，2018．19世纪英国新大学运动发展历程研究[D]．华东师范大学硕士学位论文．

③ 胡钦晓，2014．英国“新大学”的演变及其特征分析[J]．苏州大学学报(教育科学版)，(3):86-95.

④ 牛金成，2022．试析德国应用技术大学专业人才培养方案的特点——以机械工程本科为例[J]．高等工程教育研究，(3):195-200.

实践性以及教学方法的多样性，其在办学理念、人才培养计划、教学实践环节、师资配备等方面体现了鲜明的办学特色[①]。周步昆则认为，德国应用技术大学与政府、企业、行业协会等建立了密切协作关系，并通过产业合作委员会调控和监督校企双方合作事宜，形成了“多方参与，深度合作”的管理机制[②]，从而促使高校与行业企业形成长期合作的关系，这是德国应用技术大学之所以能成功的关键。

德国应用技术大学在人才培养、科学研究和学校管理等各个方面与地方企业深入合作，与企业形成良性互动[③]。学校理事会的成立，促使行业企业及社会知名人士等社会力量能深入、持久地参与高校治理，进一步完善了高校的内部治理，这是提升应用型人才培养质量的重要保证。程丽华等认为，我国应用型大学要借鉴德国应用技术大学的办学模式，密切结合区域产业，与企业建立合作研发中心，开展企业亟须的应用研究[④]。德国应用技术大学在科学研究上也是与地方企业深度合作，开展的是应用型研究，始终与社会保持密切的关系，这样就能让地方行业企业更好地参与高校治理。

德国应用技术大学注重从内部治理改革入手，与企业形成良性互动，特别注重与政府、行业协会、企业等利益攸关方建立合作机制。

（三）应用型大学转型发展亟须内部治理改革

从治理结构视角研究应用型大学建设的文献不断增多。地方本科高校向应用型大学转型发展受到观念转变、目标定位、人才培养模式、队伍建设、制度保障等方面内容的影响[⑤]，迫切需要从内部治理入手，寻求破解之道。通过已有文献，我们可以获得以下几点认识：

（1）应用型大学原有的治理结构已难以满足现实发展需要。孙洲认为，地方综合性大学原有的治理结构已不能满足现实的发展需要，去过度的行政化体制机制的呼吁、治理能力和治理体系的现代化需求、民主理念的不断深入，都要求优化地方综合性大学的内部治理[⑥]。赵倩男认为，作为规模最大的院校类型，地方高

---

① 孙晓敏，2018．德国应用技术大学办学特色对我国高等教育的启示[J]．中国成人教育，(4):103-106.

② 周步昆，2020．德国应用技术大学的特色内涵与成功实践[N]．中国社会科学报，8-31(8).

③ 中国教育科学研究院课题组，2013．欧洲应用技术大学（UAS）国别研究报告——应用技术大学：国家竞争力的助推器[R]．北京:中国教育科学研究院.

④ 程丽华，高大千，2016．德国应用技术大学办学模式对我国应用技术大学的启示[J]．教育教学论坛，(23):209-211.

⑤ 钟秉林，王新凤，2016．我国地方普通本科院校转型发展若干热点问题辨析[J]．教育研究，(4):4-11.

⑥ 孙洲，2017．地方综合性大学内部治理结构调整与运行机制完善[J]．中国成人教育，(15):49-51.

校的质量建设由于优质办学资源稀缺、办学定位不清等面临着巨大挑战。应用转型的出发点在于通过明确应用型的办学定位以摆脱同质化的办学困境，提升服务区域经济社会发展的能力，因此需要变革治理结构推动转型①。姚荣则认为规模急剧扩张后产生的质量问题、劳动力市场和产业结构转型乃至国家治理现代化促使高等教育结构重组，这对地方应用型大学内部治理提出了新的挑战。②

（2）应用型大学内部治理改革面临自主权受限等多重困境。邓宏宝、濮海慧指出当前高等院校管理结构存在办学自主权受限、内部职权不清、多主体参与不够、政府相关责任缺失等不足。为此，应本着追求善治、高效、合法的宗旨，构建应用型大学的内部治理结构。李德才认为，应用型大学的办学主体是多元化的，除了政府、高校之外，其他社会组织尤其是企业和境外合作办学单位也成了办学主体，因此，原有的对大学的管理方式已经不适用于当下应用型大学的发展需要③。

（3）应用型大学治理结构转型需要紧密结合应用型这一特色。周友士、蒋亦华认为，地方应用型大学特色发展从理念构想向实践层面的转化，关键在于明晰地方应用型大学特色发展的主体结构及其关系，并明确地方政府、学校与社会在推动特色发展中的实践策略④。刘向兵、姚荣认为，“学科逻辑”与“应用逻辑”的平衡，是应用型大学内部治理变革的法理依据，重视地方政府、行业、企业与社区多方参与的“合作治理”，是变革方向⑤。赵东福、朱建新认为，如何回应教育强国发展战略对高质量应用型教育的迫切需要，如何满足地方经济社会发展对科学、技术和人才的强烈渴求，是应用型大学的时代命题。要回答好这一时代命题，应用型大学要主动适应经济社会发展需求，按照“分类管理、分类发展”的国家教育资源投入和引导机制，强化应用型办学定位，突出办学特色⑥。

（4）应用型大学治理结构有效运作需要明晰各利益主体的职责。姚加惠认为，新建应用型本科院校要通过明确学校委托人、代理人的职权责和各相关利益主体的责权利，合理设计学校制度，非均衡分配学校控制权，以理顺学校各种关系，

① 赵倩男，2023．地方本科院校转型的多重制度逻辑分析[J]．黑龙江高教研究，(7):50-58.

② 姚荣，2015．中国本科高校转型如何走向制度化——基于组织分析的新制度主义视角[J]．教育发展研究，(3):1-10.

③ 李德才，2019．创新应用型高校治理结构的思考[J]．应用型高等教育研究，(4):14-18.

④ 周友士，蒋亦华，2021．地方应用型大学特色发展:内涵阐释与实践策略[J]．华南师范大学学报(社会科学版)，(1):90-99.

⑤ 刘向兵，姚荣，2016．应用型大学内部治理结构变革的法理依据与模型建构 [J]．中国高教研究，(6):56-59.

⑥ 赵东福，朱建新，2022．以“十个坚持”引领应用型大学高质量发展[J]．中国高等教育，(19):21-23.

从而实现新建应用型本科高校的优化治理①。目前，国内外关于应用型大学建设的研究理论较为丰富，但基于典型案例出发，从二级学院内部治理视角来研究应用型大学建设的还几乎是空白。正如潘懋元先生所指出的：我国应用型大学的建设要成为社会以及全校师生的共识，还需要做相当多的说服工作，重要的是要从实证上来说服②。

二、关于大学治理的研究

如前文所述，本研究以“大学治理”为主题，在中国知网进行检索，截至2023年4月21日，检索到相关文献5385篇。关于该主题的研究从1977年开始出现，2002年后，研究文献数量大幅上升。如图1-2所示。

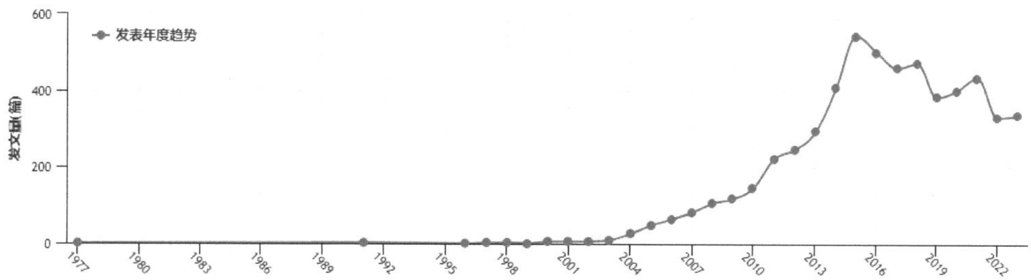

图1-2　1977-2023年大学治理研究文献分布

资料来源：自制。

（一）大学治理的内涵

大学治理概念最早由约翰·科森（John Corson）提出，他首次运用现代治理理论来探讨大学内部的运行问题。美国知名学者罗西瑙（J.N. Rosenau）认为“治理是一种规范、规则和决策程序，其发挥作用的时点是在利益间或制度实施发生冲突之时”③。1973年，美国卡耐基高等教育研究会将大学治理定义为多个组织成员参与大学管理并一起进行决策的过程。

国内部分学者也提出了大学治理的概念。王建华认为，治理理念有普适性，政府治理的成功经验可适用于大学，大学也需建立新型合作伙伴关系，并指出在

① 姚加惠，2015．新建应用型本科高校的治理困境及对策[J]．西南交通大学学报(社会科学版)，(2):89-95．

② 潘懋元，2010．什么是应用型本科?[J]．高教探索，(1):10-11．

③ 罗西瑙，2009．没有政府的治理[M]．张胜军等，译．南昌:江西人民出版社．

治理理念下，未来大学管理方面将突出社会参与的作用①。从外部关系来讲，大学治理的目的就是为社会服务，因此社会相关主体参与大学治理也是必然要求，大学与社会是一个相互作用的过程。张继明认为，我国大学有效治理就是改变行政权力主体主导办学全过程的旧模式，各主体通过协商形式形成决策，寻求、扩大和实现共同利益，从而改变以权力控制为基础的科层化决策模式，打破执念于单向度利益的关系壁垒，最终实现各主体共同利益②。

王洪才在《大学治理的四种内涵》一文中，详细解读了大学治理的 4 种内涵。首先，大学治理是一种结果，即达到一种比较和谐的状态，人人各安其位、各尽其责。其次，大学治理是一种手段，他认为大学需要一位具有先进大学理念、拥有较强人格魅力的大学领导人，通过道德激励的手段消除经济刺激（或市场手段）所带来的负面影响。第三，大学治理是一种结构，即是指人人参与、共同治理。他也明确指出，参与并非均等化参与，而是有差别的参与。第四，大学治理是一种目标，要建立一种共同的文化，推动每个个体对共同价值的追求，达到一种求真的理想状态。③大学治理是结果、手段、结构和目标，是从不同的角度提出来的，反映了大学治理的丰富内涵。

别敦荣在《论我国大学治理》一文中，从上级党委和政府、大学和院系及各级领导团队、教师和学生等相关组织及人员群体出发，认为我国大学治理是党政领导下的治理，是一种授权治理，具有从属性、补充性和学术性三重属性④。授权治理明确了我国大学治理的性质，大学要在国家授予的相应权力的框架下进行治理才能更加有效。

（二）大学治理的困境

国内学者对我国大学治理的现状、存在的问题及遇到的困境进行了较为系统的研究，其中，关于协调行政权力与学术权力关系的研究较多。具体困境表现在以下几个方面：

（1）对去行政化的误读。针对这一现象，潘懋元指出，大学治理“去行政化”并不是意味着不要行政管理，而是要实现行政权力与学术权力的有机融合⑤。吴旭

---

① 王建华，2004. 从自治到合作——联合国教科文组织关于大学理念的新观点[J]. 外国教育研究，(2):22-25.

② 张继明，2023. 我国大学有效治理：价值、内涵与建构性[J]. 北京教育(高教)，(1):31-34.

③ 王洪才，2015. 大学治理的四种内涵[J]. 苏州大学学报(教育科学版)，(4):17-19.

④ 别敦荣，2016. 论我国大学治理[J]. 山东高等教育，(2):1-7.

⑤ 潘懋元，2010. 潘懋元文集卷三・问题研究(上)[M]. 广州：广东高等教育出版社，208-209.

提出“行政化”的根源在于权力的性质：具有强制性的权力导致了“行政化”，而具有基础性的权力是大学治理中权力运行的良好状态。从基础性权力的视角出发，学术权力与行政权力之间并非是对立关系而是统一于学术事务发展的共同目标。[①]

（2）行政文化的根深蒂固。别敦荣认为，我国大学的文化是行政文化占主导。[②]我国处于主导地位的行政文化影响着学术权力的充分行使，需通过内部治理的调整强化学术权力。

（3）大学自主权不足。张德祥认为，学术与行政的关系是大学治理的重点和难点。20 世纪 90 年代以来，关于学术权力和行政权力的研究逐渐兴起。人们认识到，现代大学的行政权力和学术权力既有合法性，也有局限性；二者既有冲突，又可协调，二者只有相辅相成、协调互动，才能保证大学健康运行[③]。随着政府放管服改革逐步深入，大学自主权不断增加，协调内部治理主体的关系逐渐提上日程。

（4）中国现代大学制度并不完善。王洪才认为，目前中国大学治理模式是一种高度集中的模式，行政权力与学术权力高度重合[④]。邱水平认为，中国特色现代大学制度还处在探索过程之中，一些方面存在不成熟、不定型等问题，高校的治理能力特别是制度执行力还不够强[⑤]。胡玉玺等认为，国内高校制度文化建设在去官本位、去功利化、民主参与、人本管理及可执行性等方面存在不足，面临着倡导以人为本、追求质效和谐的价值趋向与必然要求。[⑥]大学治理是一个不断探索的的过程，现实中存在的这些问题需要通过完善现代大学制度来解决，其中行政权力与学术权力的关系是重点。

（5）相关利益主体参与不足。李福华认为，与西方国家的大学治理相比，我国大学治理具有显著的优势：党委领导，决策及时；校长负责，执行有力；层级清晰，实施高效；权力制衡，责任明晰。但也存在决策主体单一，利益主体参与不够；制度建设滞后，学术权力行使低效；科层权力偏大，民主权利不彰等不足。[⑦]党的二十大报告提出，健全共建共治共享的社会治理制度，坚持人民主体地位，

① 吴旭，2022．基础性权力与大学去行政化——对学术权力与行政权力二元对立观的反思[J]．教育学术月刊(10):24-30.

② 别敦荣，2016．论我国大学治理[J]．山东高等教育，(2):1-7.

③ 张德祥，2018．我国大学治理中的若干关系[J]．高等教育研究，(7):1-8.

④ 王洪才，2008．论大学内部治理模式与中位原则[J]．江苏高教，(1):5-8.

⑤ 邱水平，2020．中国特色现代大学治理的若干重要问题探析[J]．北京大学教育评论，(1):120-133.

⑥ 胡玉玺，程海威，2016．现代大学制度文化建设:内涵、现状、策略[J]．现代大学教育，(4):102-109.

⑦ 李福华，2018．新时代我国大学治理的基本特征、优势特色及推进路径[J]．高等教育研究，(4):1-7.

充分体现人民意志、保障人民权益、激发人民创造活力。

（三）大学治理改革的主要目的

部分学者在研究大学治理改革时，论述了大学治理改革的目的。潘懋元从内外部规律出发，分析了高等教育可持续发展的问题，提出了大学治理的目标。从外部规律来看，高等教育要为我国社会经济发展服务；从内部规律来讲，要实现自身的可持续发展，即立足于自身的长远发展。[①]别敦荣认为，我国大学治理改革的目的是提高各方办学主体的参与度，遵循大学的规律办学，建立院系自主办学体系，以提高办学质量[②]。王洪才认为，大学治理是一种结果、结构、手段、目标或价值；从根本上讲，大学治理的目的是构建知识共同体，使大学师生充分享受知识探究乐趣；从现实性上讲是构建和谐的大学内外部关系。[③]

部分学者通过研究，提出了大学治理改革的举措。潘懋元在批判借鉴西方大学传统治理理念的基础上指出，要创造良好的办学氛围，增强学校自身的活力。他积极主张教授治学，推动教学与科研的发展。要充分发挥大学的中心作用，改革教育体制和人才培养模式，扩大高校的办学自主权，为高校发展创造一个宽松的环境。他进一步指出，如何认识大学治理，加强大学治理研究，主要包括 3 个方面：采取多学科的研究方法；基于高等教育管理理论视角；注重大学治理与高等教育改革实践的渐进式方法论。[④]别敦荣在《中美大学治理对谈》一文中，通过过中美大学治理的比较，指出大学治理的变革趋势：一是要加强国际化，邀请其他国家或国际组织专家参与大学治理；二是要市场化，发挥企业的作用，通过捐赠等形式支持办学，也可以解决高等学校经费不足的问题；可以提出咨询建议，为高校发展建言献策；可以发挥其监督职能，推动学校更好发展。三是要发挥专业学术组织的作用，积极参与大学专业教学的规范、评估和指导。[⑤]

王洪才对大学治理提出了自己的看法：首先，必须激发大学管理者的创造性，带领学校跳出“数字政绩”的怪圈，真正激发教师们的积极性和责任感；其次，采取多元治理模式，改变传统的封闭式的治理模式和垂直式管理方式，让社会力量和学校的教授们参与大学治理；再次，要创新治理理念。最后，需要塑造新型

---

① 潘懋元，2010．潘懋元文集卷三・问题研究(上)[M]．广州：广东高等教育出版社，124-129.

② 别敦荣，2016．论我国大学治理[J]．山东高等教育，(2):1-7.

③ 王洪才，2016．大学治理:理想・现实・未来[J]．高等教育研究，(9):1-7.

④ 潘懋元，2010．潘懋元文集卷三・问题研究(上)[M]．广州：广东高等教育出版社，130-143.

⑤ 别敦荣，菲利普・阿特巴赫，2016．中美大学治理对谈[J]．清华大学教育研究，(4):36-45.

治理文化，秉持生命共同体理念构建特色大学。这个过程中，校长起着不可或缺的作用，要激发大学管理者的创造性，推动大学管理模式的现代化。①在这里，他着重强调了大学管理者，尤其是校长在大学治理体系中的重要作用。

综上所述，关于大学治理的研究文献较多，研究者从不同方面对大学治理体系的改革提出了诸多建设性意见，为未来大学治理改革提供了诸多参考性措施，有助于推动大学治理改革，促进我国大学现代化建设。但正如有的学者所说，“对于面临后发赶超、倍感压力的中国大学治理改革而言，宏观、抽象层次的理论阐释可谓汗牛充栋，立足经验提炼、具体操作实践的技术性知识却相对匮乏。”②

三、关于大学内部治理的研究

本研究以“大学内部治理”为主题词，在中国知网进行检索，截至 2023 年 4 月 21 日，检索到相关文献 1090 篇。关于该主题的文献从 20 世纪 90 年代末开始出现，2002 年起逐渐成为研究热点，文献数量大幅上升。2004 年，呈现逐年上升趋势。如图 1-3 所示。

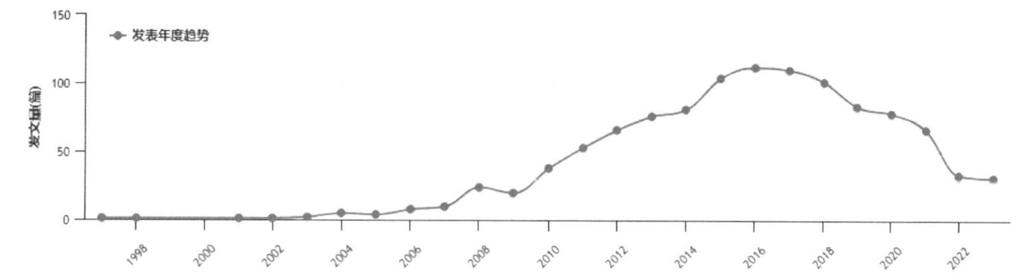

图 1-3 1998-2023 年大学内部治理研究文献分布

资料来源：自制。

（一）大学内部治理形态及类型研究的主要内容

大学内部治理主要是校—院二级关系、院—院之间的关系、院—系之间的关系以及学院内部的管理和运行问题。这些问题突出表现在集权有余、分权不足上。首先，在校—院二级关系层面，权力集中在校级层面，院系自主权不足。代表性

---

① 王洪才，2016．大学治理：理想·现实·未来[J]．高等教育研究，(9):1-7.

② 蒋达勇，2016．学术委员会撬动大学治理改革的理论与实践[J]．高教探索，(7):42-46.

的成果体现在“学院办大学”的相关文献中。如张烨指出，推动我国大学发展的力量总体来自学校而非学院，校院间的权力格局始终体现为学校主导和强势、学院被动和弱势①。张海成认为，我国校院两级管理改革已经进入以机制优化为中心的新阶段，并围绕学校与学院、校长与院长、处长与院长3对关系，优化校院两级管理的运行机制②。在院—系之间的关系方面，代表性的成果主要体现在关于院系治理的研究上。陈廷柱从结构与功能相互关系的视角，系统性地提出了院系治理的改革路径，他认为除了扩大院系管理权限这一普遍做法之外，将窄型院系组织结构调整为宽型院系组织结构，并优化校院系结构，应是最佳路径③。这些研究从理论思辨的角度为我们呈现了校—院、院—系之间的关系格局，丰富了我们对当前我国大学治理结构现状的认识。进一步的研究需要结合具体的实践案例深入分析。

有学者从组织理论视角分析大学的内部治理，认为：教学型大学的组织结构宜选择比较刚性化的科层制结构，管理垂直化，重心在学校一级；教学研究型大学的组织结构宜采用扁平化的事业部制结构，实行学院制管理模式，管理重心在学院一级；研究型大学的组织结构宜采取柔性化的矩阵结构，管理重心下移至学科基层学术组织。④

何淑通认为，在不同的环境及自身的发展状况下，从不同的维度进行分析，可以看到大学内部治理的多样化。从治理主体维度，可将大学内部治理分为学术人员群体主导模式、管理人员群体主导模式和共享模式3种类型；从治理内容维度，可将大学内部治理分为校级集权模式、基层分权模式和平权模式3种类型；以治理方式作为主要标准，可将大学内部治理分为科层制模式、文化模式和协商治理模式3种类型。⑤

对大学内部治理形态及类型的研究，学者们从不同的视角进行探索，形成了较为丰富的成果，主要围绕集权和分权选择不同类型的大学内部治理。

（二）大学内部治理需要解决的主要问题

有学者认为，大学内部治理存在的问题主要体现在：学术权力和行政权力

① 张烨，2022. “学院办大学”:西方传统与中国实践[J]. 清华大学教育研究，(1):70-77.

② 张海成，2022. 深化校院两级管理改革的关键问题和路径探讨[J]. 国家教育行政学院学报，(4):18-23.

③ 陈廷柱，2017. 院系治理改革的路径选择及其系统化策略[J]. 中国高教研究，(1):8-12.

④ 宣勇，2005. 大学组织结构研究[M]. 北京：高等教育出版社.

⑤ 何淑通，2017. 大学内部治理结构的类型分析[J]. 当代教育科学，(7):50-54.

之间存在矛盾，行政权力占主导地位，学术权力在实际管理中被弱化；高校内部治理中的民主管理机制不够完善。①也有学者认为，大学内部治理存在以下问题：缺乏完善的制度保障内部治理的有效实施；以科层化管理为主要范式的行政管理机构弱化大学精神之本源。②

还有学者专门针对应用型大学进行了研究。如李德才提出，应用型大学在办学主体、办学模式方面有别于传统学术型大学，为了适应应用型人才培养需求，其治理结构必须创新。核心是应理顺高校与政府、企业的关系，行政权力与学术权力的关系，通过沟通协商、分层授权的方式，实现共同治理、规范运行的目标。③邓宏宝等在《应用型高校内部治理研究》一文中认为，应用型大学内部职权不清，少数学校出现泛行政化问题，以行政权力代替学术权力，致使管理队伍与师生之间失去平衡，多数教职工代表具有管理者身份，导致学校政策难以真正考虑多数。④另外，也有针对大学内部治理中的具体机构进行的细化研究。

我国大学行政化问题日趋严重，解决这一问题的关键是要围绕行政权力配置调整进行改革。针对应用型大学，我们需要综合考虑其特有属性进行专门研究；在实际的改革与发展过程中，需要抓住痛点有的放矢。

（三）我国大学内部治理改革的主要方向

部分学者提出了大学内部治理改革的措施。邓宏宝等认为，结合当前实际，应用型大学治理结构的运行应从以下几方面着手：第一，提高对构建治理结构意义的认识。要允分认识到政府、学校、社会、师生等都是相关利益者，由单一的治理结构转向多元治理结构。第二，从价值认同、理解互信、愿景同构等方面营造认同治理的文化环境。第三，培养利益主体的治理能力。治理的基础是协商机制，要使各方利益主体都能够形成共识，满足其需求。第四，出台相应的规章制度。建立健全规范性文件，落实信息公开制度，开展第三方评估。⑤曹叔亮从自变量的角度分析了大学内部治理体系的改革措施，他在《大学内部治理的关键自变量及其改革路径》一文中强调，目前大学内部治理正由单一的强制的行政权力主导转向多方参与的多元治理结构。他把现代大学制度看成因变量，把影响现

① 倪其润，苏立宁，2017．国外大学内部治理结构典型模式的启示与借鉴[J]．三峡大学学报(人文社会科学版)，(3):109-112．
② 谢潇潇，朱煜明，2016．现代大学内部治理结构研究[J]．当代教育与文化，(1):91-94．
③ 李德才，2019．创新应用型高校治理结构的思考[J]．应用型高等教育研究，(4):14-18．
④ 邓宏宝，濮海慧，2018．应用型高校内部治理结构研究[J]．教育评论，(1):53-57．
⑤ 邓宏宝，濮海慧，2018．应用型高校内部治理结构研究[J]．教育评论，(1):53-57．

代大学制度建设的各种因子看作自变量，其中关键自变量起决定性作用。在分析研究中，他以组织发展理论为基础，认为大学内部治理的关键自变量是组织结构、管理制度和运行机制。他认为，在组织机构上应关注组织定位、权力分配与治理模式 3 个方面。在管理制度方面，应重视体制改革、学校章程的制定与实施、教授治学的制度创新。在运行机制上，尤其要在决策、分工、沟通与协调、利益分配、民主监督等核心内容上下功夫。[①]张继延等对大学内部治理的理念等作了详细的分析。他们认为，大学治理体系是一种文化形态，背后隐藏着一种价值理念，并由其引领。在治理体系和治理能力现代化的背景下，大学治理体系应遵循“共治、法治、善治”的价值理念，并以此为理论基础，建立健全大学治理体系。在此理念的指导下，大学治理体系的建设应实现 3 个转变：第一，大学内部治理由单边主导向多元共治转变；第二，大学内部治理由法制向法治转变；第三，大学内部治理由科层管制向人文善治转变。在“共治、法治、善治”理念的指引下，最终形成“以人为本、权责一致、多方共治、管理科学”的治理体系。[②]

创新现代大学制度，推动内部治理改革，大学章程的制定与实施起到关键性作用。有学者认为，各大学利益相关者应共同参与制定大学章程，将问责纳入章程内容，通过行政审批或程序立法赋予其外部合法性和充分的规范效力[③]。也有学者认为，要保障大学章程在高校治理中发挥作用，关键是提高章程的执行力。要依章治校、依章办事，明确关于校院系三级机构的职、责、权规定，避免学校职能部门与院系之间出现定位不当、权责不清的现象。要加强章程执行的监督与问责，减少章程执行中的随意性和人为影响。还要根据高校的发展和现实需求、外部制度环境变化对章程内容进行适时调整[④]。还有学者认为，今后我国高校内部治理改革，将确立中国特色现代大学制度框架下的“嵌入式改革”模式[⑤]。

高校内部治理改革应围绕立德树人这一根本任务，要从单一治理结构向多元治理结构转变，激发各个利益相关者的积极性和主动性，建立各个利益主体的协同机制，共同参与大学内部治理。

---

① 曹叔亮，2014．大学内部治理的关键自变量及其改革路径[J]．教育发展研究，(23):59-66．

② 张继延，陆先亮，2017．大学内部治理体系现代化:理念、路径及内容[J]．江苏高教，(11):41-43．

③ 张继明，2016．现代大学制度视域下的大学章程建设[J]．决策与信息，(9):121-127．

④ 刘军仪，2016．现代大学制度视角下的大学章程建设研究[J]．中国人民大学教育学刊，(4):113-123．

⑤ 尚洪波，2018．高校内部治理结构改革:改革开放四十年来的回顾与展望[J]．国家教育行政学院学报，(11):23-28．

（四）国外大学内部治理的特点

现有文献对国外大学治理结构的研究多集中于美国、英国等发达国家。对国外大学内部治理的研究可划分为两个层面：横向内部治理，即对内部治理的探讨，集中在校级层面；纵向内部治理，即从学校的纵向权力结构（系、院、大学）入手探讨治理结构。

美国大学多数实行董事会领导下的校长负责制，学术权力和行政权力分立。联合治理或共同治理是其内部治理的重要特征[①]。李正元等认为澳大利亚大学内部治理形成了董事会、校长及行政系统、学术委员会三足鼎立之势，构成大学决策权、执行权、学术权的相互制衡和协调发展格局[②]。有学者认为，日本国立大学法人化改革后，新设立了理事会、经营协议会、教育研究评议会，这三大组织形成校一级管理机构，分别发挥各自的管理职能[③]。

美国大学内部治理主要由治理委员会（董事会）、校务委员会、教师评议会、董事、校长、教师、学生等要素及治理主体构成。英国大学内部治理要素及主体主要包括董事会、校务委员会、学术委员会、副校长等。英国大学“副校长权力现象”是其管理体制独有的特征。各国大学内部治理的最高权力机构名称、要素构成、成员因国情差异而有所不同。

英国大学内部治理具有大学内部治理主体多元化、学院制的有效运行、以学术权力为主导的大学内部治理模式、大学治理结构的与时俱进等特征[④]。而美国大学内部治理具有治理主体及角色多样性、治理权力约束关系系统性、治理机制丰富性等特征[⑤]。

我们应在遵循中国特色社会主义制度的前提下，吸纳国外大学内部治理带给我们的启示，同时要根据我国大学内部治理的实际情况，构建合理有效的大学内部治理结构，这是高校生存与发展的重要保证。

四、关于二级学院内部治理的研究

本研究以“大学二级学院内部治理”为主题词，在中国知网进行检索，截至

---

① Donna R E. Some Legal Aspects of Collegial Governance[EB/OL]. https://www.aaup.org/issues/governance-colleges-universities/legal-aspects, 2003-10-11/2021-12-29.

② 李正元，付鹏，2016．澳大利亚大学内部治理结构对我国大学廉政建设的启示[J]．高等理科教育，(1):74-79.

③ 贾德永，王晓燕，2011．日本国立大学法人化改革后的大学治理结构[J]．高等教育研究，(5):97-103.

④ 张倩，2010．英国大学内部治理结构及其启示[J]．当代教育科学，(1):46-48.

⑤ 程北南，2011．美国大学治理结构的启示和借鉴[J]．高教探索，(4):55-60.

2023 年 4 月 21 日，检索到相关文献 77 篇。关于该主题的文章从 2011 年才开始出现，每年的数量并不多。如图 1-4 所示。

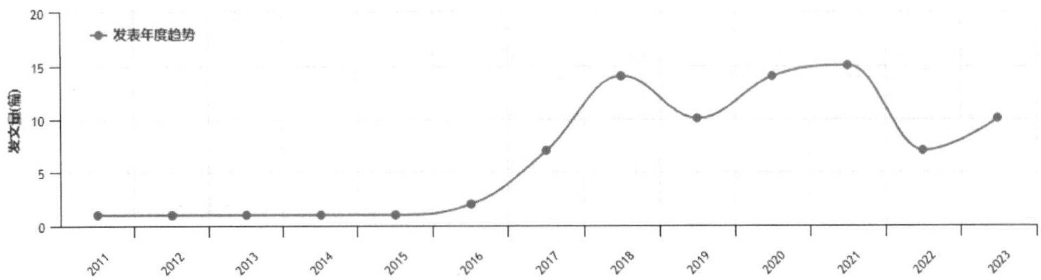

图 1-4　2011-2023 年二级学院内部治理研究文献分布

资料来源：自制。

（一）学者关注的主要议题

近年来，随着高等院校管理重心下移，高等教育学界对高校治理结构的研究视角开始向微观转变，校院关系及二级学院内部各主体及组织的相关研究呈上升趋势。主要研究观点：院系治理核心是行政权力与学术权力关系[①]；总体上看，权力配置是学院治理的最大核心，也是最大瓶颈[②]。

宣勇认为，学院制是我国大学组织结构的基本选择，我国大学的校院关系基本处在直线型阶段，对横向权力配置关注较多，如行政权力；对纵向权力配置，从学校到学院到基层组织关注较少[③]。胡建华认为，改革开放政策实施后，扩大学院办学自主权、调整校院关系成为完善大学内部治理的重要一环[④]。针对学院内部不同治理主体，有学者运用社会网络分析方法，将二级学院治理要素分为学术权力和行政权力，认为在治理中学校要放权、分权，学院应明确各内部治理主体的责任边界[⑤]。

在现有关于二级学院治理的研究中，内部治理主体关系、治理结构以及学术治院成为学者关注的主要议题。但也发现现有的研究方法较单一，对学院治理实践予以直观呈现并归纳总结的较为少见，亟须在实证研究上进行改进。

---

① 刘恩允，2014．治理理论视阈下的我国大学院系治理结构研究[D]．苏州大学博士学位论文．

② 刘新民，张莹，李芳，2015．学院制下权力配置演变影响因素及对策[J]．现代教育管理，(9):35-39.

③ 宣勇，2016．论大学的校院关系与二级学院治理[J]．现代教育管理，(7):1-5.

④ 胡建华，2021．大学内部治理中的校院关系[J]．江苏高教，(12):1-6.

⑤ 姜华，黄帅，2017．基于社会网络分析的高校二级学院权力研究[J]．现代教育管理，(6):1-7.

（二）内部治理中存在的主要问题

研究者认为，我国二级学院内部治理中存在的主要问题可以总结为校院权责不对等和学院内部行政权力处于强势地位。

（1）权力集中在学校一级，院系自主权不足。刘献君认为，我国大学内部权力主要集中在学校一级，院系权力较小，易造成权责不对等以及不作为[①]。石中英认为，学校一级处于主导、支配和强势地位，学院一级处于依附、被支配和弱势地位[②]。周作宇等认为，我国高校的权力上移，越往上权力越大，学校将主要的人事权、财权及事务管理权集中在学校层面[③]。二级学院是学校集教学、科研和行政管理于一体的实体科层组织机构，随着校院两级管理的逐步推进，学校逐步下放权力，但下放的更多是事权，人、财、物等方面的权力主要还是掌握在学校职能部门层面。

（2）院系本身治理结构不够完善，行政权力处于强势地位。李瑛等认为，我国大学院系层面的内部治理存在以下问题：院系行政权力过大；学术权力的实施受行政权力的影响较大，大部分的学术事务也是以学术的面孔、行政的方式来决定的。[④]目前，高校二级学院内部治理不仅面临着校级层面不合理的内部治理带来的问题，还面临着自身面对实际需要解决的问题，目前的这些研究都从某一方面做了一些探索，但缺乏围绕二级学院实际运行状况、从整体上去解决问题的方法。

（3）院系本身治理能力不足，接管乏力。刘静认为，我国高校的院系治理能力不足，制约着院系作为大学"底部重心"的效能发挥；院系治理文化淡薄，降低了院系作为大学"学术组织"的活力；院系治理体系不完善，影响着院系作为大学"基层单位"的目标落实[⑤]。汤建认为，院级层面对学校下放的权力"承接乏力"，弱化了其独立发展能力；囿于对校级层面政策的执行思维，院系层面改革动力不足，习惯于听从校级层面的具体安排。[⑥]校院之间的权力关系是二级学院有效效治理的基础，二级学院围绕授权进行内部治理优化是解决问题的关键。

纵观国内外已有的研究成果，一方面，"院办校"是高校治理模式的深刻转变，其核心是强化二级学院在学校的主体地位，赋予二级学院更大的自主权，激发办学活力，推动高校健康发展。从"校办院"转向"院办校"逐渐成为大家的共识，

---

① 刘献君，2012．论大学内部权力的制约机制[J]．高等教育研究，(3):1-10．

② 石中英，2016．大学办学院还是"学院办大学"[N]．光明日报，05-10（13）．

③ 周作宇，赵美蓉，2011．高校校院权力配置研究[J]．国家教育行政学院学报，(1):14-19．

④ 李瑛，吴荣顺，2021．巡察视域下的大学院(系)治理结构优化研究[J]．东南大学学报(哲学社会科学版)，(S2):178-181．

⑤ 刘静，2021．院系协商共治推进高校治理现代化的探究[J]．湖南师范大学教育科学学报，(6):103-108．

⑥ 汤建，2019．我国大学院系治理现代化:学理认识、现实困境与实践路径[J]．高校教育管理，(3):44-50．

但这一过程如何来实现，目前各所应用型大学都还在探索之中，需要对现实情况进行实证研究。[①]另一方面，关于大学治理的研究已经非常多，针对大学内部治理的研究也不少，研究的重点主要集中在校级层面，对二级学院内部治理的研究还是比较少，当前治理中需要解决的问题是办学特色不鲜明、办学活力不够、人才培养质量不高，这些内部问题的解决主要依靠二级学院。应用型大学内部治理有其自身特殊性，针对其特性学术界已经有一定研究，关注到了社会参与治理的重要性，在社会参与应用型大学治理的背景下，应用型大学二级学院在制度安排、治理结构、组织架构、运行机制上如何实现社会有效参与大学治理，实现高校与社会的良性互动方面尚未提出较为系统的对策和建议，也没有更多基于案例的实证研究。本书试图破解这一问题，分析我国应用型大学二级学院内部治理存在的问题，提出优化改进的策略，更好地推进应用型大学的建设。

第四节 研究设计

应用型大学建设是时代的需要，亟须根据应用型大学特性完善二级学院内部治理。目前，应用型大学二级学院内部治理存在诸多问题，其中内部利益相关者的权责关系是核心，由此确定本研究需要解决的问题。运用调查研究法、文献研究法、案例研究法和比较研究法，通过文献综述建立理论分析框架明确问题，通过调研工作总结经验分析问题，提出对策建议解决问题。

一、研究问题

当前，应用型大学虽然在学科专业类型及布局方面与研究型大学相近，但是部分学校核心竞争力不强，缺乏持续发展动力，对地方经济社会发展的贡献度也不高，正处于长期以来路径依赖下产生的依附式发展困境。从治理上查找根源，发现其中的主要原因是承担办学主体的应用型大学二级学院按照原来的学科逻辑进行建设，二级学院的内部治理没有根据应用特性进行运作，反映应用特性的制度体系、应用逻辑的组织架构、高效协同的运行机制等尚未建立健全，传统的内部治

① 温晓年，2021．“院系办校”治理新模式的转型逻辑与实践路径[J]．教育探索，(6):72-76.

理影响甚至阻碍应用型大学高质量发展。因此，需要根据应用型大学特性，从制度安排、治理结构、组织架构和运行机制 4 个方面构建应用型大学应有的二级学院内部治理，从而激发办学活力，推动应用型大学建设，实现应用型大学高质量发展。

二、研究思路

本研究在对相关文献进行归纳、研读与分析之后，进行核心概念界定与理论分析框架构建，总结我国应用型大学二级学院内部治理的基本模式和主要特征，从内部治理主体之间的关系出发，查找问题并进行原因分析。从全国 181 所应用型大学中选取 41 所典型应用型大学，从制度安排、治理结构、组织架构和运行机制 4 方面，进行大学章程文本分析。选取国内 2 所公办应用型大学和 1 所民办应用型大学，对它们的二级学院内部治理进行典型案例分析，并结合德国应用技术大学学院内部治理改革的启示，对完善我国应用型大学二级学院内部治理提出对策建议。研究思路如图 1-5 所示。

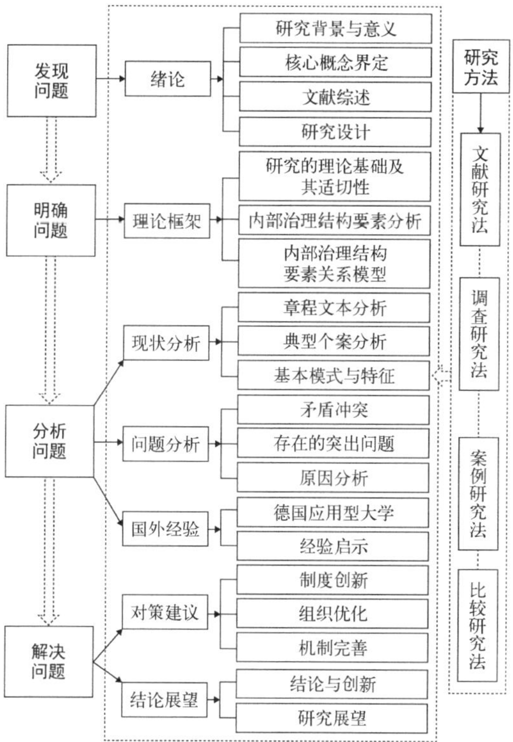

图 1-5 应用型大学二级学院内部治理研究思路

三、研究内容

本研究共 7 章，基本内容如下：

第一章为绪论。从国家治理现代化对大学治理提出了新的要求、普及化阶段高校特色发展亟须完善二级学院内部治理以及应用型大学自身发展需要完善其内部治理的现实出发，认为完善其办学主体——二级学院的内部治理是推进应用型大学建设的着力点。本研究不仅丰富和发展了大学治理的研究内容，而且也将解决推进应用型大学建设的实际问题。对“应用型大学”“二级学院”“内部治理”3 个核心概念进行界定，以此明确本研究内容的范围。从应用型大学、大学治理、大学内部治理、二级学院内部治理 4 方面进行文献综述，进一步明确本研究的问题。

第二章为理论基础与分析框架。通过对教育内外部关系规律理论、利益相关者理论、委托代理理论、协商治理理论的基本观点及其适切性进行分析，提炼出应用型大学二级学院内部治理的基本要素，其核心价值理念是内部治理如何根据外部变化情况进行动态调整。面对应用型大学管理重心下移、权力下放和社会参与大学治理的实际情况，通过对其二级学院内部治理及其关系进行分析，提出互动关系模型，为下一步研究构建理论分析框架。

第三章为应用型大学二级学院内部治理问题分析。由内而外查找应用型大学二级学院内部治理存在的问题，从内部治理的核心出发，查找治理主体之间的内在关系；从文本分析和案例分析出发，从全局性和整体性上查找应用型大学二级学院在实际运行过程中内部治理存在的突出问题。由表及里分析、查找出问题原因，从制度安排、治理结构、组织架构和运行机制 4 个方面予以把握，找出问题的根源之处。

第四章为应用型大学二级学院内部治理案例分析。运用高等教育管理理论，对全国各区域典型的 41 所应用型大学章程的文本分析；通过国内 2 所公办和 1 所民办应用型大学的二级学院内部治理进行典型案例分析；在此基础上，运用互动关系模型，总结出应用型大学二级学院内部治理的经验。

第五章为德国应用技术大学学院内部治理分析及启示。对德国应用技术大学的学院内部治理进行系统分析，总结它们的共性和个性，提出对完善我国应用型大学二级学院内部治理的启示。

第六章为我国应用型大学二级学院内部治理的完善策略。通过文献综述和实际工作经验发现问题，通过构建理论分析框架明确问题，通过章程文本分析、典型案例分析以及德国应用技术大学经验借鉴分析问题，在此基础上从制度安排、治理结构、组织架构和运行机制 4 个方面提出完善策略。

第七章为结论与展望。本章总结全书的主要研究结论，说明研究的创新点及不足，并围绕应用型大学二级学院内部治理展开讨论和展望。

四、研究方法

（一）文献研究法

本研究通过广泛阅读国内外关于大学内部治理的相关研究文献资料，重点阅读和分析研究应用型大学、二级学院内部治理等文献资料，通过分类整理，筛选出对本研究具有重要价值和参考作用的文献资料，然后进行系统的分析与研读，保证本研究方向、内容与前沿社会现实紧密联系。同时，对实地调研过程中获得的应用型大学内部治理相关的各种文本资料，按照研究需要，进行了详细整理、适当分类和深入分析。本研究还对应用型大学的章程文本进行统计分析。首先，抽取大学章程中出现的关键特征词进行编码，统计每一项编码类目在章程中出现的频次；其次，根据统计出来的频次数据，结合关键特征词的具体含义，解读数据背后的意蕴，挖掘出章程文本中所包含的深层次信息；最后，得出当前我国应用型大学二级学院内部治理的基本框架。

（二）调查研究法

调查研究是人们发现问题，寻求解释或解答问题的科学研究过程。本研究采用调查研究法，主要是通过参观、考察、访谈、问卷等方式收集资料、获取信息，并对这些资料信息进行分析。本研究根据区域分布情况和应用型大学建设实际成效，选取全国各地具有代表性的 41 所向应用型大学转型的本科高校章程进行文本调查研究，在此基础上，选取 3 所整体性向应用型大学转型的本科高校作为主要案例学校，以及 8 所应用型建设成效比较明显的本科高校作为次要案例学校进行实地调查研究。调查研究过程中，除了参观、考察、开放式问卷等方式之外，还采用了访谈方式，受访者分为 7 类：校领导、职能部门领导、二级学院领导、未担任领导职务的二级学院学术委员会成员、教职工、学生、校企合作企业负责人。

（三）案例研究法

本研究采用案例研究法，主要是根据研究需要探索的应用型大学二级学院内部治理问题，以典型案例为素材，进行分析、解剖，从而产生新认识、得出结论。本研究将 A 学校等 11 所应用型大学作为案例研究的对象，其中包括 3 所主要案例高校、8 所次要案例高校。案例高校能够较充分地呈现应用型大学二级学院内部治理的基本模式和主要特征。通过对 3 所主要案例高校二级学院内部治理情况的整体分析以及各选择两个二级学院内部治理情况进行实地调查研究，结合 8 所次要案例高校的补充调研，从微观层面深入了解目前我国应用型大学二级学院内部治理中的治理主体、组织机构、治理举措与成效等实际运行情况，进一步发现内部治理中存在的问题及原因，为完善我国应用型大学二级学院内部治理提供指导与借鉴。

（四）比较研究法

本研究通过比较研究法，主要是将德国应用技术大学和我国应用型大学加以对比，通过时间、空间、形式、内容、演变、内涵、外部联系、内部结构等多维度的分析，从而弄清两者之间的区别与联系。应用型大学较早地诞生于西方发达国家，以德国应用技术大学为典型，这类学校的办学理念强调与社会实践的有机结合，致力于培养应用型人才。我国应用型大学萌芽于 20 世纪八九十年代，兴起于 21 世纪初期，在 2010 年后得到了迅速发展。本研究通过对德国应用技术大学的内部治理进行分析，挖掘相关的异同之处，从成功案例的实际情况出发，提出具体可行的优化建议和方案。

运用上述几种研究方法，可以深入了解和把握我国应用型大学二级学院内部治理中存在的问题，以及其产生、发展、冲突和协调的历史脉络，从而使本研究在科学理性和实践操作两个层面上都有积极意义。

第二章　理论基础与分析框架

研究应用型大学二级学院内部治理需要找到合适的理论进行指导，教育内外部关系规律理论有利于从整体上分析应用型大学建设，利益相关者理论有利于从横向上分析各类治理主体的利益关系，委托代理理论有利于从纵向上分析校院系的权责关系，协商治理理论有利于分析二级学院内部民主权利的行使。研究应用型大学二级学院内部治理主体在发展过程中的各自作用及其相互关系，在此基础上构建符合应用型大学建设需要的关系模型，这是分析应用型大学二级学院内部治理的理论框架。

第一节　理论基础及其适切性

现代大学治理的实践依托于一定的理论指导，同时大学治理的丰富实践也推动了理论的发展。应用型大学二级学院内部治理的制度安排、治理结构、组织架构、运行机制及其外部关系等，依托于相关的理论支撑。本节从教育内外部关系规律理论、利益相关者理论、委托代理理论、协商治理理论等层面，分析应用型大学二级学院内部治理的理论基础及其适切性。

一、教育内外部关系规律理论

（一）教育内外部关系规律理论的主要观点

改革开放初，伴随着国家经济社会领域的发展变革，高等教育迎来了新的发展机遇，但也面临着如何培养人才、如何处理与外部社会之间关系等新的难题。1980 年，潘懋元先生提出了教育两条基本规律："一条是教育外部关系规律，指的是教育作为社会的一个系统与整个社会系统及其他子系统——主要是经济、政治、文化系统之间的相互关系的规律，简称教育外部规律；一条是教育内部关系规律，指的是教育作为一个系统，它内部各个因素或子系统之间的相互关系规律，简称教育内部规律。”[①]外部规律是内部规律作用的条件，内部规律是外部规律作用的尺度。教育内外部关系规律理论首先是在高等教育研究过程中提出的。[②]潘懋元先生强调教育要主动适应社会经济发展要求，而被动适应很难反映教育的内部需要，主动适应与被动适应的根本区别在于后者把外界要求当成命令来执行，容易无视教育本身的特点。教育主动适应是教育内部对外界所提的要求进行适时转化，努力把一切不利影响转化为积极有利的因素。[③]教育内部关系规律是关于教育和人的发展关系的规律，教育外部关系规律是关于教育与社会发展关系的规律。教育外部关系规律可以表述为“教育要与社会的发展相适应”，也可以进一步表述为“教育要受经济、政治、文化等的制约，并对社会的经济、政治、文化等的发展起作用”。教育内部关系规律是指在人的培养这一复杂的过程中，各种因素之间的必然关系[④]。潘懋元先生提出的“教育内外部关系规律”揭示了教育发展所应遵循的原则和逻辑：在教育的发展过程中，既要考虑经济社会的发展要求，又要遵循人的成长要求，更重要的是，教育发展要把社会和人两方面的因素综合起来进行考虑。唯有如此，才不会导致畸重畸轻，顾此失彼，才能保证教育的健康、可持续发展。[⑤]

（二）教育内外部关系规律理论在本研究中的应用

应用型大学二级学院内部治理一方面受到外部治理主体的影响，另一方面受到内部治理主体的影响。潘懋元教授提出的“教育内外部关系规律”及适应论，从整体上对研究应用型大学二级学院内部治理提供了理论支撑。

在高等教育的外部关系层面，高等教育活动的开展必须依赖外部社会主体的人、财、物资源供给，同时高等教育也为社会输出人才、创造和传承文化，而高等学校的办学体制与教育制度则受到政治体制的影响，从而使高等教育与外部社会主体间形成密切的相互作用关系。第一，经济发展水平是高等教育发展的资源基础，一国国内生产总值总量、政府教育经费占国内生产总值比重，直接决定了

① 潘懋元，1990．教育外部关系规律辨析[J]．厦门大学学报(哲学社会科学版)，(2):1-7.

② 刘振天，1998．也论“教育内部关系规律与外部关系规律”说[J]．清华大学教育研究，(1):21-27.

③ 王洪才，2013．教育内外部关系规律学说:中国教育学发展的一面镜子——潘懋元教授专访[J]．苏州大学学报(教育科学版)，(1):48-52.

④ 李枭鹰，袁开源，唐德海，2021．教育内外部关系规律的间性思想及其理论价值[J]．江苏高教，(1):1-6.

⑤ 方泽强，2013．正确认识“教育内外部关系规律”理论[J]．大学教育科学，(6):3-8.

高等教育办学资源的总量规模；同时，高等教育的发展也会拉动经济增长，促进经济结构调整。第二，国家的政治体制决定了高等教育的办学模式、方针、政策，而国家通过高等教育活动培养经济、法律、政治、管理、科技等各类专业性人才。第三，社会文化对高等教育活动产生潜移默化的影响；同时，传承和创造社会文化又是高等教育的重要职能之一。因此，在经济、政治、文化等层面，凸显了高等教育与外部社会主体之间的密切关系、相互作用机制。当前，对应用型大学二级学院来说，应客观认识到其所处的外部环境，灵活应对外部社会主体的多元需求，正确处理好与外部社会主体之间的关系，以“应用型”为导向，及时调整优化内部治理，积极回应外部社会主体的需求，并在此过程中对外部社会主体产生积极影响。应用型大学一般都是地方高校，在建设发展过程中，办学资源短缺是制约其进一步发展的主要原因。应用型大学办学资源短缺问题的解决主要依靠地方政府，应用型大学通过为地方培养所需的人才和开展一系列服务当地的科研活动来得到地方政府的认可，从而从地方政府获得更多的办学资源。应用型大学为地方培养当地所需人才，关键在于专业布局和建设。应用型大学必须围绕地方产业布局调整学校的专业设置，在完成专业设置调整之后，就需要进行一系列的专业建设。要使专业建设和服务地方取得预期成效，应用型大学就必须完善办学实体的二级学院内部治理，建立长效运行机制。

在高等教育的内部关系层面，围绕着培养德智体美劳全面发展的专业人才，涉及教育管理者、教师、学生等多元主体间的协调互动。在高等教育系统内部，教师掌握着专业知识资源，教育管理者掌握着经济资源、制度资源，学生既是被教育的对象，又是教育活动的重要参与者。只有各治理主体围绕人才培养目标，在参与治理、互动交流中形成有效分工，才能实现教育资源配置的优化和全面人才培养目标的实现。对应用型大学二级学院来说，处理好高等教育内部关系，就是围绕德智体美劳全面发展人才培养，通过制度、会议等形式形成有效的内部运行机制。实现应用型大学人才培养目标，从内部关系层面来说，关键在于调动二级学院管理者、教师和学生等各方面的积极性。二级学院作为应用型大学的办学实体单位，是一个相对独立的系统，影响这个系统有效运行的主要因素是掌握各治理主体间的内在关系演变规律。

高等教育内外部关系规律之间不是割裂的，而是相互依存、相互促进的。教育内部关系规律的运行受到教育外部关系规律的制约，而教育内部关系规律得以有效运行则为教育外部关系规律的实现提供保障。也就是说，一方面，教育作为一个子系统，受到整个社会大环境的影响制约；另一方面，教育作为一个独立的内部系统，只有教育活动得以有效开展，才能回应外部社会主体的需求。对应用型大学二级学院来说，一方面需要敏锐地把握外在环境的变化及社会主体的多元需求，作出及时有效的回应；另一方面，需要处理好内部治理主体的资源配置，建立有效的运行机制。

二、利益相关者理论

（一）利益相关者理论的主要观点

利益相关者理论始于 20 世纪 60 年代对公司治理中股东至上理论的质疑。传统公司治理理论认为，股东在公司治理中占据独一无二、至高无上的地位，拥有使用、处置、转让其产权的权力，管理者服务于股东，管理者的目标就是追求股东利益最大化。然而，随着现代企业管理中所有权与经营权的分离，股东变成了企业的“外部人”，经营管理者在企业价值创造中发挥着重要作用，人力资本成为企业价值增值的重要源泉，由此生成利益相关者。最早提出利益相关者概念的是斯坦福大学研究中心（SRI，1963），认为利益相关者表现为一些团体，没有他们的支持，组织就不可能生存。瑞安曼（Eric Rhenman）认为企业依靠利益相关者维持生存，而利益相关者则依靠企业来实现个人目标，二者间成为一个利益共同体。最为广泛的定义是弗里曼（Freeman，1984）在《战略管理：一种利益相关者的方法》一书中指出的，即利益相关者是指任何一个影响公司目标完成或受其影响的团体或个人，以及能够帮助或损坏公司的其他团体[①]。弗里曼根据企业中利益相关者所持有的资源不同，将利益相关者划分为 3 类，即所有权利益相关者（如董事会成员、经理等持有公司股票的人）、经济依赖性利益相关者（如与公司有经济往来的供应商、消费者、竞争者、员工等群体）、社会利益相关者（如政府、媒体等与公司存在社会利益关系的群体）。米切尔（Mitchell，1997）认为企业的利益相关者至少具备合法性、权力性、紧迫性这 3 种特性中的一种，并据此将其分为确定型利益相关者（具备 3 种特性）、预期型利益相关者（具备两种特性）、潜在型利益相关者（具备一种特性），从而为企业判定利益相关者提供了便利[②]。

利益相关者理论较为全面地分析企业的内外部相关主体，认为企业发展过程

---

① Freeman，R.E，1984．Strategic Management:A Stakeholders Approach[M]．Boston Pitman，46．

② Mitchell R K，Agle B R，Wood D J，1997．Toward a theory of stakeholder identification and salience: Defining the principle of who and what really counts [J]．Academy of Management Review，(4):853 -886．

中除了关注股东的利益外，还需要考虑到经营管理者、员工、顾客、供应商等主体的利益，能够辨别出影响企业目标实现的因素，并试图平衡多元主体之间的利益关系。在理论演进上，王身余（2008）认为利益相关者理论经历了利益相关者影响、利益相关者参与、利益相关者共同治理3个阶段，从对传统股东至上理念形成冲击、开始关注作为外界环境的利益相关者问题，到将利益相关者吸收进组织中、给予有限程度的决策参与权和管理活动，再到将利益相关者的权益视同股东权益、作为平等主体与股东一道平等参与公司治理，从而完成了对传统公司治理股权至上理念的冲击和超越①。

（二）利益相关者理论在本研究中的应用

利益相关者理论围绕企业生产经营活动，将与企业利益相关的多元主体纳入企业的各项行为活动中，除了关注股东的利益外，更加关注上下游企业、供应商等的利益诉求，从而形成一个利益共同体。通过多元主体的利益关切，推动、监督企业的精英决策，维护更多人的利益。在利益相关者理论中，利益是核心，追求利益最大化是多元主体关注的重点。应用型大学二级学院作为学校内部的正式组织，是重要的办学主体，承担了专业人才培养、科学研究、社会服务等职能。从参与治理主体来看，是由教师、行政管理人员、在校学生、毕业生、用人单位等多元主体组成，围绕着学生的培养成才开展各方面的行为活动。应用利益相关者理论分析应用型大学二级学院内部治理，使应用型大学二级学院在内部治理过程中，不仅关注本学院的教师、学生等的利益诉求，更需要密切关注并回应学校、毕业生、用人单位等对人才培养素质能力的要求，以此加快调整人才培养的目标定位、课程体系设置，以满足应用型大学人才培养需求。从组织的构成形态来看，以二级学院为中心，内部由系、科室、班级等组成，并有相应的教师、行政管理人员、学生等；外部涉及学校职能部门、政府部门、企业、社会组织、学生家庭等组织形态，以及相应的人员。从利益相关者角度来看，围绕应用型大学二级学院职能的履行，以学生培养成长为目标，形成了多元主体参与的利益相关者群体。

企业利益相关者以追求利润最大化为目标，是可衡量、可计算的。但高校作为人才培养单位，其人才培养具有公共产品属性，是为国家培养合格的社会主义建设者、接班人。应用型大学二级学院多元利益相关主体不是以可衡量、可计算

① 王身余，2008. 从“影响”“参与”到“共同治理”——利益相关者理论发展的历史跨越及其启示[J]. 湘潭大学学报(哲学社会科学版)，(6):28-35.

的利益回报作为推动内部治理的动力，而是培养适应市场需求的人才，属于一种具有公益属性的行为，这是运用利益相关者理论分析应用型大学二级学院内部治理时需要明确的重要前提。参照米切尔的利益相关者评分法，应用型大学二级学院内部的管理人员、教师和学生等是二级学院确定型利益相关者；学校职能部门和政府部门等属于预期型利益相关者；用人单位和社会组织等属于潜在型利益相关者。应用型大学二级学院内部的有效治理，离不开确定型利益相关者、预期型利益相关者、潜在型利益相关者的支持，同时应用型大学二级学院内部治理成效又与他们的利益直接相关。基于利益相关者理论，应用型大学二级学院内部治理不仅要调动管理人员、教师和学生等二级学院确定型利益相关者的积极性，而且要推动各利益相关者积极参与应用型大学二级学院内部治理，特别是针对政府部门、学校职能部门等预期型利益相关者的发展需求，以及用人单位、社会组织等潜在型利益相关者的人才需求，以内部有效治理为突破口，推动学院高质量发展。

三、委托代理理论

（一）委托代理理论的主要观点

在现代社会分工体制下，一个组织在其内部会分化为多个层级、职能部门的架构体系，上下级组织围绕着组织目标的实现，在权力分享、资源分配、任务完成与考核激励等方面形成复杂的关系网络，而不同主体间的信息不对称加剧了组织激励的难度。委托代理理论作为契约理论的重要组成部分，遵从“经济人”假设，着重破解委托人、代理人信息不对称以及利益冲突情境下，如何克服委托人、代理人之间的道德风险和逆向选择难题，从而实现激励相容，最终完成组织的目标任务。

从理论发展演进来看，委托代理理论主要是在20世纪60年代末兴起，创始人包括Wilson（1969）、Spence和Zeckhauser（1971）、Ross（1973）、Mirrless（1974）、Holmstrom（1982）、Grossman和Hart（1983）等。委托代理理论认为，在企业组织中，委托人和代理人都属于理性的经济人，追求个人经济效用最大化是他们各自的行为目标。一方面，委托人关心的是在企业经营活动中获得的最终收益，代理人关心的是代理期间自身从委托人那里获得的报酬水平，并不将实现委托人收益最大化作为代理目标。因此，二者在企业经营管理上存在利益冲突，需要通过建立某种机制协调二者之间的利益冲突。另一方面，信息不对称是委托代理关系中的内在矛盾。委托人通过委托授权代理人经营管理企业，委托人不能直接辨别代理人在企业经营管理活动中的工作努力程度，以及是否按照委托人的意愿谋求企业利润最大化，而代理人清楚自身在代理活动中的努力程度。当委托人质询代理人工作的努力程度时，代理人会利用自身掌握的信息优势，采取隐瞒信息、工作失误等方式损害委托人利益，而谋求自身经济效用最大化[①]。委托代理关系中，根据委托人与代理人之间的主体数量、任务多寡，从单一委托人、单一代理事务的双边委托代理理论，扩展到多代理人理论、共同代理理论、多任务代理理论等。委托代理问题主要是在企业经营管理中，所有权与经营权分离后，委托人、代理人因信息不对称、利益目标不一致，进而影响到企业经营效益以及委托人的利益。因此，委托人为解决这一难题，想方设法采用激励和约束手段促使代理人为委托人利益最大化服务，而形成有效的激励机制是关键。

实践中，委托人可以和代理人之间建立一种长期的合作关系，利用代理人的市场声誉督促代理人努力工作，打破多个代理人之间的平衡机制，利用众多代理人的相对绩效来奖罚代理人等[②]。由于委托代理关系在经济社会领域广泛存在，起始于研究经济问题的委托代理理论被多个领域所借鉴应用，并不断推进这一理论的拓展延伸。而在多层级组织中，则会出现多层级的委托代理关系，委托人、代理人在不同的组织层级中，既是代理人，又是委托人，在不同身份角色中转换，如上下级政府、公共权力治理、社区管理、公共服务等领域[③]。

（二）委托代理理论在本研究中的应用

应用型大学二级学院在其发展运行过程中，存在着多层级的委托代理关系，正确地看待和应对委托代理中的激励问题，就能够激励二级学院办学过程中各相关主体的动力，推动二级学院更好地履行职能。首先，就学校和二级学院的关系来看，二者即为委托代理关系，围绕着高等学校人才培养、科学研究、社会服务等职能，学校是委托人、二级学院是代理人，学校下放办学资源、权力给二级学院，二级学院作为代理人要为学校的目标实现努力工作，学校需要对二级学院进行激励和约束。二级学院也会利用自身办学主体的身份和掌握的信息，在同学校进行契约谈判时，谋求自身利益最大化。其次，二级学院内部也存在多重委托代

① 刘有贵，蒋年云，2006．委托代理理论述评[J]．学术界，(1):69-78．

② 任勇，李晓光，2007．委托代理理论:模型、对策及评析[J]．经济问题，(7):13-15．

③ 赵蜀蓉，陈绍刚，王少卓，2014．委托代理理论及其在行政管理中的应用研究述评[J]．中国行政管理，(12):119-122．

理关系。二级学院内部设有系科室、工会等组织，双方围绕着二级学院的职能形成委托代理关系，二级学院是委托人、系科室是代理人，二级学院通过权力下放、资源支持激励系科室组织，同时采取考核办法落实约束机制。最后，系科室与教师之间也存在委托代理关系，系科室的教学任务依靠教师的教学活动完成，教师能否遵照系科室的要求认真行使代理人职责，做好教学工作，也需要设定激励和约束机制。总之，应用型大学二级学院内部治理结构与运行、资源配置与保障等，必须契合委托人、代理人的利益诉求，同时要解决代理人动力不足、激励机制作用弱化等问题。

四、协商治理理论

（一）协商治理理论的主要观点

“协商民主”“治理”理论是 20 世纪 80 年代以来政治学、公共管理学领域影响深远、传播范围广的重要理论，并为其他学科领域所借鉴应用。协商民主是 20 世纪 80 年代兴起的一种民主模式，其概念首先由毕塞特（Bessette，1980）提出，即自由平等的公民通过公共协商进行决策，从而解决了既体现多数原则，又实现对多数的制衡问题。科恩（2005）认为协商民主的实质是社会成员参与社会的管理，即自治。詹姆斯 · 菲什金（Fishkin，2009）认为协商民主具有公民参与和审慎商议两大特点①。同代议制民主相比，协商民主是以公民交往权利为基点，以公民话语权为核心，以平等对话交流为途径，将公民的民主权利从投票权扩展为话语权。

作为公民利益表达、公共事务协商的载体，协商的主体框定、议题选择、程序规范、结果运用构成重要的协商民主运行机制。典型的如“协商民意测验”划分为 6 个环节，即随机抽样——实现参与者的机会平等，项目说明——尽可能地使信息对策，前后问卷测量——科学量化民意，小组讨论——有主持的恳谈活动，大会提问——实现决策者与民众的互动，结果公布——反馈给参与者②。而民情沟通日、社区网络论坛、开放空间讨论、“愿景”工作坊、公民陪审团、一次性民意调查等协商民主多元化参与形式，也在协商实践中有着广泛的应用。

从国内来看，基于利益协调、问题解决导向，凸显民主协商、平等对话、公

① [美]詹姆斯·菲什金，2009．协商民主论争[M]．北京:中央编译出版社，28-32．

② 韩福国，2017．我们如何具体操作协商民主——复式协商民主决策程序手册[M]．上海:复旦大学出版社．

众参与理念的协商民主受到党和政府的高度重视。总体来看，基层协商民主拓展了公民有序政治参与的渠道，最大限度地包容和吸纳了各种利益诉求，促进了执政方式转变和执政能力提高，有效化解了社会冲突，促进了社会公正和谐。

（二）协商治理理论在本研究中的应用

协商民主理论不同于代议制民主依托投票而体现公民的民主权利，其主张围绕公共事务治理，公民通过一定的程序、规则进行参与表达，最终形成一致的决策并付诸实施。在此过程中，公民的参与意识和治理能力显得尤为重要。当前，协商治理成为公众参与基层公共事务决策、表达利益诉求的重要渠道，形成了丰富多样的参与形式并不断拓展实践领域。应用型大学二级学院作为学校的内部组织，学院内部治理的公共事务涵盖教学、科研、学工等领域，涉及的主体有教师、学生、管理人员，依托的民主参与载体有工会、教代会、学代会等。教师、学生通过参加学院组织的民主会议表达利益诉求、参与重大决策表决。按照协商民主、公众参与治理的理论要求和实践程序，二级学院内部治理在民主权利方面，应在教代会、学代会侧重于民主投票表决基础上，重点围绕教职工和学生关心的教学、科研、学工等公共事务，进行广泛的协商民主参与，从协商议题征求、意见表达、小组讨论、大会表决、公开结果与实施、监督与评价等协商民主的程序环节，把教师、学生关心的切身利益作为二级学院内部治理的重要议题，进行协商表达与推进，充分发挥师生的民主权利，形成内部治理合力。

第二节 应用型大学二级学院内部治理结构分析

《中华人民共和国高等教育法》（以下简称《高等教育法》）规定：中国共产党高等学校基层委员会按照中国共产党章程和有关规定，统一领导学校工作，支持校长独立负责地行使职权，其领导职责主要是：执行中国共产党的路线、方针、政策，坚持社会主义办学方向，领导学校的思想政治工作和德育工作，讨论决定学校内部组织机构的设置和内部组织机构负责人的人选，讨论决定学校的改革、发展和基本管理制度等重大事项，保证以培养人才为中心的各项任务的完成。党的十九大报告指出，把学校、科研院所等基层党组织建设成为宣传党的主张、贯彻党的决定、领导基层治理、团结动员群众、推动改革发展的坚强战斗堡垒。党的二十大报告进一步指出，要提高党的执政能力和领导水平，不断提高党把方向、谋大局、定政策、促改革的能力和定力，确保改革开放的正确航向。完善上下贯通、执行有力的组织体系，确保党中央决策部署有效落实。

现代大学作为经济社会活动中一类重要的组织，其在履行高层次人才培养、科学研究、社会服务等职能时，对外要与政府、企业、社会组织等发生联系，对内要对院系、职能部门进行管理，合理地配置保障大学正常运行的人、财、物资源。从大学的组织层级来看，为校—院、职能部门—系、科 3 级架构的科层体系。

一、行政权力

在科层制组织中，行政权力是基于法律法规赋权的，由行政机构或行政人员行使的法定性权力。高等学校在党委领导下，需要依靠行政机构和行政人员实现对公共事务的管理，由此生成行政权力。二级学院作为学校人才培养、科学研究、社会服务的组织者、实施者，需要有相应的人、财、物资源予以支撑和保障。在校长及学校职能部门的领导、指导下，二级学院通过多种渠道从校内、校外积极争取办学资源，用于学科专业建设、人才队伍建设。而以院长为代表的行政权力在此过程中扮演着重要的角色，行政权力也是二级学院内部权力类型中最活跃的权力，出现这一现象的原因既有行政权力本身的特性，也有长期以来我国高校参照政府管理的层级设置和权力配置导致的“行政化倾向”①。在学校党委领导下的校长负责制下，校长是学校的法定代表人，主持学校行政工作，全面负责教学、科研、行政管理工作。校长及职能部门的职权主要包括：规章制度制定权；组织拟订和实施学校内部组织机构的设置方案，任免内部组织机构的负责人；制定和实施学校人才规划和政策；组织拟订和实施学校重大基本建设、年度经费预算等方案，加强财务与预算管理；组织开展教学活动和科学研究；组织开展思想品德教育，开展招生和就业工作；做好学校安全稳定和后勤保障工作；组织开展学校对外交流与合作；向党委报告重大决议执行情况，向教职工代表大会报告工作等。

从行政权力的来源看，高等学校由政府举办、提供经费支持，其权力来源主要是政府以行政授权形式实现国家行政权力在高等学校的彰显和延伸。由于高等学校与行政组织基本功能及运行规律的差异，高等学校形成了以办学自主权为核心的行政权力。为了有效实现行政权力的运行，高等学校设立大量内设机构并赋

① 齐炜，谌莲莲，2021．基于扎根理论的高等职业院校二级学院院长角色研究[J]．合肥学院学报(综合版)，(3):128-134.

予相应的职权，二级学院就是重要的内设机构，是学校行政权力授权的重要承接载体。因此，应用型大学二级学院内部治理中的行政权力来自学校的授权分享，是学校与学院共享的行政管理权力，只不过二级学院行政权力的行使范围小于学校，仅限二级学院人、财、物资源的边界①。

二级学院行政权力行使的重要载体是党政联席会议，行使的行政权力主要包括：（1）事关学院改革发展稳定的事项。如贯彻党的教育工作方针政策、上级有关决策部署和学校整体发展规划、教学科研管理各项工作安排等；学院发展规划、学科专业建设规划、年度工作计划和重要改革举措、重要规章制度的制定修订；学院内设机构设置与调整；学院财务预算决算执行、大型设备采购；办公空间、设备实施等办学资源配置；服务地方经济和社会发展。（2）事关教师队伍建设的事项。如教师引进、培养、教学团队建设等；教职工考核与职称；人才规划制定与人才队伍培养与引进。（3）事关学生培养的事项。如学科和专业设置、调整，学生培养方案制定、修订，培养项目的设立和终止等重要事项；课程建设、教学管理、教材编写选用；学生学籍管理，招生、毕业、就业、奖惩、困难学生帮扶，研究生导师遴选等重要事项。（4）内设机构设置及人员遴选，如学术委员会、教学委员会、教授委员会、学位评定分委员会和其他管理、咨询类组织组成人员和负责人选任等重要事项。（5）科学研究重要事项。如科研团队建设，科研项目、科研经费管理，科研成果转化、科研奖励中的重要事项。（6）开展国（境）内外教学、科研和学术交流合作中的重要事项等。

在二级学院日常运行中，行政权力的运用频繁、作用直接、影响深远。一方面，它是由行政权力的特性决定的，因为在组织中采用行政手段解决问题最便捷，动用的资源配置手段更加直接有效；另一方面，与我国政府权力体系中长期形成的行政权力占据主导地位相关，政府组织体系中的层级架构、行政级别等制度设计被高等学校所仿照。从二级学院行政权力行使的主体来看，主要是以院长、副院长、系科室负责人为代表的行政管理人员，其中又以二级学院院长为主实现对学院的行政管理和资源分配。同时，院长、副院长通常都是具有专业技术背景，在专业发展、学科建设、研究生培养等方面享有重要的话语权和决策权。二级学院院长行使的行政权力事项主要包括：（1）贯彻落实学校的办学宗旨及政策，从委托代理理论分析，二级学院与学校是代理人和委托人之间的关系，二级学院

① 段从宇，朱德玲，李增华，2020．概念阐释、来源分析与边界厘定:高等学校二级学院权力管窥[J]．教育发展研究，(7):56-62.

作为代理人，其行政权力是学校授权的，要贯彻执行学校的制度政策，在委托人的统一指导下，履行专业人才培养、科学研究、社会服务等职能；（2）负责学院日常事务的管理，如教学工作、科研工作、教师工作、学生工作等事务的管理；（3）学院办学资源的优化配置，人、财、物资源是二级学院办学的重要基础，围绕学院专业发展、学科建设、师资队伍建设、办公设施设备改善等关键事项，把有限的办学资源进行配置，从而满足各方面的发展需求；（4）协调学院内外部各方利益，以院长为代表的行政权力主体，一方面通过上传下达的方式，向学院师生宣传学校的政策要求，并向学校反映师生的利益诉求；另一方面，凭借自身的业务能力和领导身份，推动学院与社会的广泛合作，为学院师生搭建社会实践平台，通过与社会的互动交流，及时了解外部对人才素质能力的要求，培养更多合格人才，提高应用型人才培养的适应性和匹配度①。在党委（党总支）的领导下，应用型大学二级学院的行政权力既要在民主监督下正确行使，又要与学术权力处理好关系，要保障学术权力充分行使，从而更好地推动学院发展。

二、学术权力

学术研究是高等学校重要的职能之一，而教师是从事学术研究和专业教学的主体，是经过本科、硕士、博士等多个阶段的专业学习和学术训练的高层次人才，是二级学院专业发展、学科建设的实践者。学术权力就是基于这类专业技术人才的知识、能力、素质，在学术研究中生成的权力，是一种能指引学科建设走向前沿的专家型、技术型权威。潘懋元先生认为，高等学校作为学术性机构，主要由政府举办或指导监督，但其主要职能是教学、科研和社会服务，要通过这些活动达到学术目的，就必须赋予高校作为学术活动主体应有的权力，而且赋予其权力越充分，任务完成得越好，这就是学术权力；学术权力只能处理与教学、科研相关的学术事务，且限定在特定的范围；学术活动要依照学术标准，能够更加灵活、机动②。

从学术权力的生成机制看，高校的学术权力由学术活动本身的内在逻辑所决定；当前高校的学术权力主要是由教授等具有专业学术地位的人员所形成的一种影响力，主要体现在教学活动、科研活动、学科建设、课程设置、师资培养、学

---

① 王光荣，骆洪福，2016. 高校二级学院院长的权力类型及协调——基于高校管理重心下移的思考[J]. 山东高等教育，(9):1-7.

② 储著斌，2016. 潘懋元教授现代大学治理思想述评[J]. 黑龙江高教研究，(3):5-9.

位授权以及招生就业等方面①。学术权力的主体主要是掌握专业知识或专业技能的教学、科研人员，这种权力会随个人年龄增长、知识经验增加不断增强②。学术权力既可以保障学术标准的贯彻执行，也可以有效保证学术人员的权益，在高校形成崇尚学术的良好氛围。

应用型大学二级学院的学术权力，主要是学院内在教学、科研方面有较大影响力的教授、副教授、博士等，他们基于自身的专业知识和科学研究经历，能够在专业发展方向、学科建设等方面把握学术前沿，为二级学院的专业、学科发展规划提供方向指引并作为发展建设的重要参与力量。二级学院学术权力在院系内部治理中占据的地位、角色作用，深刻影响学院的学术氛围、学科发展水平。在学术权力运行的载体方面，学校层面通常建立教授委员会制度，由在各专业领域成果显著的教授组成教授委员会，落实教授治学，强化教授在学校学术发展上的话语权，保障学术权力落实。二级学院一般以学术委员会或教授委员会作为最高学术机构，明确学术委员会的职责、组织和议事规则，并在人才培养、科学研究、学科建设等学院重大治学事项上，行使议事和决策权；同时，对治学事项行使一定的决策权和审议权，并为学院其他事项提供咨询和建议③。

从二级学院学术委员会的性质、宗旨和组成来看，其是二级学院的学术审议机构，接受学校学术委员会的指导，致力于发扬学术民主，开展学术交流，弘扬学术道德，鼓励学术创新，以此提高人才培养和科学研究的水平，促进学院教育事业的发展。二级学院学术委员会的主要职能包括：审议学科、教学、科研、人才队伍等重大问题；审议师资队伍建设中的重要事项；听取本学院行政负责人、基层学术组织负责人关于年度工作计划、年终工作总结等的报告；负责本学院学风维护和学术道德建设相关工作。在人员组成上，学术委员会成员通常包括二级学院的院长、学科组织负责人、实验中心负责人、正高职称学术人员代表等，实行任期制，以保证学术委员会人员更新，把握学术前沿。学术权力是否充分行使决定着一个学院的发展程度，只有充分调动以教授为代表的专任教师从事学术工作的积极性，不断产出高质量的学术成果，一个学院才能真正发展。

---

① 吴坚，2005. 高校管理中学术权力与行政权力的协调[J]. 高等教育研究，(8):33-37.

② 王光荣，骆洪福，2016. 高校二级学院院长的权力类型及协调——基于高校管理重心下移的思考[J]. 山东高等教育，(9):1-7.

③ 吴万友，文沛先，2017. 我国高校二级学院权力配置与运行研究[J]. 南京工业职业技术学院学报，(4):72-74.

三、民主权利

参与决策、民主监督是现代社会公民享有的基本权利。高等学校作为一个正式组织，其民主权利主要体现为教师、学生就自身的利益诉求、学校重大决策制定等，通过一定的渠道、载体进行意见表达或建议。《中华人民共和国高等教育法》规定“高等学校通过以教师为主体的教职工代表大会等组织形式，依法保障教职工参与民主管理和监督，维护教职工合法权益”。当前，在学校层面，成立教职工代表大会、工会会员代表大会（简称“双代会”），学生代表大会等组织，教师代表、学生代表可以参加代表大会行使民主权利，也可以通过工会、团委、学生会等组织表达意见建议。在二级学院层面设有学院教职工代表大会、工会会员代表大会、学生代表大会，二级学院教职工代表、学生代表可以通过参加会议形式行使民主权利，并设有二级学院工会、团委、学生会等群团组织，方便师生建言献策。

二级学院教职工代表大会、工会会员大会以定期召开会议的形式，赋予教职工代表参与本学院民主决策、监督等权利，在会议期间听取院长所做的学院工作报告、工会主席所做的工会工作报告，进行教代会代表、工会主席和工会委员的选举，审查学院的办学经费、工会经费支出情况等。在会议召开前，教师可以就学院专业、学科、人才、办公等各方面存在的不足，以教职工代表提案的形式向教代会提出意见建议。在闭会期间，教师可将自身关心的问题、有关学院发展的建议等向工会组织反映。学生行使二级学院民主权利，主要通过学生代表大会方式实现。此外，二级学院建有纪律检查组织，纪检组成员可就学院发展的重要事项、资源分配等进行全程监督，教师可向纪检组织投诉反映问题，实现参与监督权。

第三节　应用型大学二级学院内部治理结构模型

围绕二级学院的内部治理和人、财、物资源配置，本节构建了相互影响、相互制约的关系模型，并依托一定的制度安排而得以运行。

一、行政权力与学术权力的关系

二级学院是大学中集教学、科研和管理于一体的实体性功能组织，具有双重属性，既是学术性组织，又是行政组织。行政权力是依据组织机构设置的合法性，由行政职位而获得的一种权力，并以国家法律、法规和规章制度为权力行使的支撑。二级学院行政权力来自学校的授权，是二级学院院长及行政管理人员为实现学院目标，按照一定的规章制度对学院进行管理的权力。这种权力具有强制力，主体是院长、副院长及行政人员，形成一个自上而下的权力体系，维持二级学院的日常运作。而学术权力主要是基于教授的专业知识、技能和对理论前沿的把握而形成的一种权力，重在体现专业性、逻辑性、权威性和影响力。学术权力以学术性事务和学术性活动为权力实施对象，并以教授群体的治学活动、学术地位以及学术威望所构成的学术魅力为载体，形成相应的学术管理的体制与模式[①]。从产生机制看，学术权力是大学内在逻辑的客观要求，也是一种象征性权力，相对于强制性权力的生成，它的产生、维持、行使更多依赖于成员对学术真理的民主推崇，根植于直接进行科研产出和教学的单位——二级学院[②]。大学中的行政和学术事务往往交织在一起，学术事务的繁杂，可以通过行政的辅助进行梳理和简化，即使是学术委员会在行使权力时也需由学术人员、行政人员及多元利益相关主体广泛参与和共同作用。

应用型大学二级学院的行政权力与学术权力之间是互为补充的合作关系，行政权力保障学术权力，学术权力体现行政权力。以院长为代表的行政机构与以教授为代表的学术机构，围绕促进学院发展的共同目标，在二级学院办学资源配置、学科建设、学术话语权表达等方面发挥各自的作用。行政权力更多地考虑与外部组织的联系，包括与学校职能部门、政府、社会的联系，以及二级学院内部组织的结构、资源、权力、财务、人事等行政管理问题，是保证二级学院组织高效、有序运行的关键；行政组织通过自身的科层组织优势和强有力的行政能力，保证学术组织正常运行。学术权力更多地在学术前沿、学科建设、专业建设等方面发挥更积极的作用，体现二级学院学术组织的特性；二级学院的发展成果主要体现在人才培养质量和学术成果上，学术权力充分行使并由此产生的学院发展成果是

---

① 卢兆彤，瞿振元，2013．高校二级学院的体制机制建设与完善[J]．中国高等教育，(22):6-7.

② 闫建璋，孙姗姗，2022．高校二级学院内部治理模式探析——基于权力配置差异的视角[J]．清华大学教育研究，(3):123-133.

行政组织所要实现的目标，是对行政权力充分行使的最好体现。

二、学术权力与民主权利的关系

在二级学院内部治理中，涉及学院重大决策、资源配置等事项时，教师、学生是直接的利益相关者，享有决策知情权、参与表达权、意见建议权，这既是《中华人民共和国高等教育法》《中华人民共和国工会法》赋予他们的权利，也是二级学院提升办学活力、激发师生员工工作动力的重要途径[①]。从民主权利行使的途径来看，教职工代表大会、学生代表大会是二级学院内部民主权利行使的主渠道。在民主权利行使的制度规范上，明确了教职工、学生享有的民主权利事项，如涉及全体教职工利益的重大事项、学院重大改革和发展事项、教职工福利、收入分配等，审议学院工作报告和经费预决算报告等。一般教职工通过群体形式参与学院监督管理，对政策制定、落实和执行中的问题提出质疑，对不公平待遇进行申诉，表达自身利益诉求等。同时，教师是高深知识的掌握者、生产者和传播者[②]。学术的最高决策权掌握在以教授为代表的学术委员会成员手中，为了防止最高学术权力被滥用，师生又要行使民主权利，对学术委员会成员行使最高学术决策权进行监督。

应用型大学二级学院的学术权力与民主权利是相互影响、相互制约的关系。学术权力的充分行使推动了学术繁荣，为广大师生行使民主权利创造了良好的环境条件；民主权利的充分行使，调动了广大师生参与学院治理的积极性和主动性，为以教授为代表的学术委员会行使学术权力提供了力量源泉。

三、内部治理结构模型

潘懋元教授提出的“教育内外部关系规律”及适应论，从整体上对系统研究应用型大学二级学院内部治理提供了理论支撑，二级学院内部治理不仅要处理学校、政府、社会等外部关系，而且要围绕高质量应用型人才培养处理内部治理主体之间的关系；从利益相关者角度来看，围绕应用型大学二级学院职能的履行，以学生培养成才为目标，需要协调各利益主体之间的关系，形成多元主体参与内

① 吴万友，文沛先，2017. 我国高校二级学院权力配置与运行研究[J]. 南京工业职业技术学院学报，(4):72-74.

② 张继龙，2017. 院系学术治理中的权力圈层结构——基于教师参与的视角[J]. 高等教育研究，(4):17-24.

部治理的格局；应用型大学二级学院在其发展运行过程中，存在多层级的委托代理关系，正确地看待和应对委托代理中的激励问题，就能够激励二级学院办学过程中各相关主体的动力；按照协商民主、公众参与治理的理论要求和实践程序，在二级学院内部治理过程中，各主体进行广泛的协商民主参与，形成内部治理合力。随着应用型大学建设任务的推进和校院两级管理重心下移，以及二级学院将会获得更多的内外部办学资源、承担更大的办学责任、发挥更重要的作用，关系模型也经历了一个不断发展演变的过程，从单向直线模型向双向互动模型转变、再转向平面多维互动模型，最终形成一个立体多维互动模型。下面对内部治理主体之间在不同阶段的关系模型作简要阐述，构成本书理论分析的逻辑基础。

在实践中，各利益主体之间既可以互相施加直接影响，呈现一种直线关系；也可以互相产生无形制约，呈现一种弧线关系。二级学院在不同的发展阶段，其内部治理关系模型可以呈现多种方式。

（1）单向直线关系模型：即在党委（党总支）的领导下，二级学院围绕应用型人才培养、科学研究、社会服务等发展目标，保证二级学院内部治理有效。但在实践中，治理过程几乎不会呈现简单的、单向的、直线型的关系，会呈现复杂、多维、变化的状态，在不同的场合、情境中，会呈现交叉重叠现象。

（2）双向直线关系模型：即内部治理主体之间呈相互影响的关系。该模型关注到了内部治理主体之间的相互作用。但这种双向直线关系模型依然没有跳出直线思维模式的约束。实际运行中，极少存在这种双向直线关系模型。

（3）多维关系模型：实际上，二级学院内部治理主体之间是相互影响、相互关联的，是在一个平面上形成的多维关系。

随着应用型大学不断发展，在学校内外部各种影响因素的综合作用下，应用型大学二级学院内部治理在实践中逐渐完善，同时各内部治理主体也在实践中日益明确和强化，内在影响力不断增强，已经能够对其他要素产生间接影响和无形制约。这时，互动关系模型就发生了变化，日益接近实践需要的应然状态。

根据教育内外部关系规律理论，政府、高校、社会三者分工不同、功能各异、相互依存，是二级学院内部治理的外部关系，二级学院内部治理离不开三者之间的关系。根据利益相关者理论，以应用型大学建设为中心，二级学院内部要在党委（党总支）的领导下，协调行各内部主体的利益关系，外部要处理政府、高校、社会之间的利益关系。根据委托代理理论，二级学院的权力主要来自高校下放的权力，而高校的权力来自政府授权和社会认可。根据这些理论推导，由此形成政府、高校、社会三者之间合作共治，二级学院内部协调运作的同心二圆模型。同心二圆模型是指在应用型大学建设的过程中，政府、高校、社会以实现应用型大学转型这一共同目的为圆心，内圆表示实现应用型大学转型目标需要协调二级学院内部关系，外圆表示协调二级学院内部关系需要处理好政府、高校、社会三者之间的关系。

本章小结

我国高等教育进入普及化阶段后，应用型大学建设给二级学院带来新的机遇和挑战，二级学院需要在人才培养、科学研究、社会服务等方面适应外部社会环境的变化要求，同时需要在内部调动师生员工的工作学习积极性，优化二级学院内部治理结构。本章通过对高等教育内外部关系规律理论、利益相关者理论、委托代理理论、协商治理理论及其适切性的分析，提炼出应用型大学二级学院内部治理的核心要素，其核心价值理念是内部治理如何根据政府、高校、社会的外部变化进行动态调整。通过二级学院内部治理结构调整，可以带动应用型大学二级学院治理效能整体提升，为后续研究提供理论分析框架。

第三章　应用型大学二级学院内部治理问题分析

二级学院是应用型大学的办学实体，应用型大学的建设成效与二级学院内部治理密切相关。我国应用型大学建设起步较晚，成效还不平衡、不充分，二级学院内部治理也不完善。从一定意义上而言，应用型大学建设存在的问题是二级学院内部治理不足在实践中的具体体现，存在的问题可从两方面来分析：一是应用型大学二级学院内部治理主体之间的问题；二是应用型大学二级学院内部治理存在的突出问题。准确揭示和分析应用型大学二级学院内部治理存在的问题，并在实践中不断加以改进，才能有效推进应用型大学建设。

第一节　应用型大学二级学院内部治理主体之间的问题

内部治理主体是应用型大学二级学院内部治理的核心要素，在应用型大学建设实践中，由于受到内外部各种因素的影响和制约，二级学院内部治理主体之间产生了很多问题，它们是应用型大学建设存在问题的本质体现。

一、分析框架

随着应用型大学不断发展，在学校内外部各种影响因素的综合作用下，应用型大学二级学院的内部治理在实践中逐渐完善，治理主体的内在影响力不断增强，已经能够对其他要素产生间接影响和无形制约。根据教育内外部关系规律理论和利益相关者理论，应用型大学二级学院在内部治理的过程中，不仅要处理内部利益相关者之间的关系，而且内部治理主体需要动态面对学校、政府和社会等外部利益主体对二级学院人才培养的要求；根据委托代理理论和协商治理理论，应用型大学二级学院内部治理主体需要处理多层级的委托代理关系和广泛的协商民主参与，由此导致应用型大学二级学院内部治理主体之间的矛盾冲突。

从理论抽象的角度而言，随着应用型大学建设的不断深入，各治理主体之间的相互关系会不断增强，当治理主体之间的关系达到理想的平衡状态时，由此形成的二级学院内部治理是合理的、协同的、圆融的，能够推动应用型大学高质量发展。反之，如果治理主体之间的关系是对抗的、消极的、不平衡的，那么由此形成的二级学院内部治理是不合适的、有缺陷的、低效率的，难以推进甚至会阻碍应用型大学高质量发展。

二、问题的具体表现

（一）行政权力与学术权力的关系

二级学院的核心要素是学科，是一套知识体系，对学术权力的尊崇对二级学院治理具有重要的价值导向作用。可以说，二级学院是大学中学科性和学术性体现最为充分的组织，应保证学术权力的地位。与研究型大学相比，应用型大学的师资力量相对较弱，尤其是应用型大学的二级学院缺乏具有影响力的知名教授或学科带头人，也缺乏具有较大影响力的学术团队，从而降低了二级学院学术权力的权威性，制约了学术权力作用的有效发挥。通常情况下，应用型大学二级学院的内部治理中，行政权力与学术权力的关系不太平衡，行政权力表现得更活跃。作为基层学术组织，在二级学院内部治理中，学术权力的地位应该得到保障。但当前行政权力过于活跃时，就会影响学术权力发挥作用。虽然大部分二级学院建有学术委员会、教授委员会等学术机构，但各委员会的主任通常由二级学院院长担任或聘任，委员中具有二级学院行政职务的人员占较高比例，学术机构在运行过程中有时会呈现较严重的行政化倾向，学术机构实际履行的职责局限于对部分学术事务的审议，扮演的更多是咨询、投票等形式上的决策辅助服务。

（二）民主权利行使不够充分

一些应用型大学的章程文本中虽然对教职工代表大会作了一些规定，但在实践中，一些学校教职工代表大会每年召开的次数仅有 1~2 次，会期往往只有半天或一天，教职工表达利益诉求、参与学院重大事项决策讨论的时间有限，行使的民主权利也有限。在学生民主权利方面，学生代表大会是他们表达利益诉求、参与学生事务管理的重要途径，但一些二级学院的学代会制度不健全、运转不流畅，学生难以通过有效的渠道表达利益诉求和意见建议。一些学校的学生参与二级学院内部治理的素质与热情相对不足，这也制约了学生民主权利的正常行使。应用型大学师生参与二级学院内部治理的积极性难以有效调动，民主权利有时难以充分行使。

第二节　应用型大学二级学院内部治理存在的突出问题

一些应用型大学在转型过程中大力推进校院两级管理，注重调动和发挥二级学院在科学研究、人才培养、社会服务等方面的作用，寻求以二级学院的发展来推动学校的改革，同时也注重服务地方经济社会发展，加强校企合作、产教融合，努力形成学校的办学特色，取得了一定的成效，但整体成效离社会需要和高等教育强国的要求还有不小的差距。本研究从高校办学实体的二级学院内部治理上查找问题，试图找到解决应用型大学建设问题的突破口。

一、校院两级管理推进乏力

（一）学校下放权力不充分

随着政府“放管服”改革的不断深入，高校拥有了更多的自主权，但一些学校下放的权力不够充分，不能真正调动二级学院实体运行的积极性。宣勇认为，大学内部治理变革的趋势应该是增加内生动力、提高办学活力，因此需要在权力下放、组织结构设计上进行变革①。一些学校把许多办学资源和决策权力把握在自己手里，把更多的业务事项和责任下放给二级学院，导致二级学院所获得的权力和所承担的责任不对等，影响了应用型大学办学成效和二级学院干事创业的积极性。校院两级管理体制改革实质性推进滞后，人事权、财权和资产配置权没有

① 宣勇，2016．论大学的校院关系与二级学院治理[J]．现代教育管理，(7):1-5.

随着事权的下放而同步下放或下放不够彻底，二级学院没有真正成为办学主体。业务性权力下放多于资源性权力下放，业务性权力大多也是“事权”，校级层面的“放管服”尚未同步推进，职能处室未能代表学校充分履行服务职能，行政教辅岗位编制也没有向二级学院倾斜，导致二级学院总感觉“事越来越多，人越来越忙”，而职能处室“事情下放，人手不减”。人事干部权基本在学校，包括职称评定权。部分高校下放了中级职称的评定权，但是关键性的高级职称评定权都还没下放。同时，有些应用型大学对二级学院的正常运行也增加了不少限制。比如，二级学院不能代表学校自主与校外机构或个人签订协议，凡签订协议，必须经教务处、学工处、企管处或总务处等几个处室报学校批准后，由这几个处室或学校与校外机构或个人签订协议；二级学院不能自主向企业安排实习学生，必须先经过教务处报学校批准；二级学院财务自主权很小，不能自主决定本学院教职工的绩效工资等。

从二级学院这个层面来说，自主权受到限制。因为在传统机制下，高校集中管理的程度可能都会更高一些，如教学管理权力还是在教务处。虽然二级学院有教研科，但是它更多的是处于执行状态，包括人才引进，虽然一些面试都是由二级学院来做，但是最终审批权还是在学校，学校对各个二级学院引进人才一般都会设置一些条件和要求。

学校下放哪些权力也是实践中一个比较棘手的问题。如“放责不放权”和“要权不要责”是校院两级内部治理中存在的现实矛盾，面临着“不敢放、放不下”和“不敢接、用不好”的两难困境[①]。如果二级学院权力过大，则学校无法调动全校的资源集中精力办大事；如果二级学院权力过小，则不利于二级学院的发展。最关键的是要明确哪些权力下放？下放到什么程度？现实中存在学校将难管的权力下放，容易管理的权力不下放的问题。比如，很多时候得到了事权，却没有得到财权，因此在推进项目的过程中就无法得到财务的保障和支持。还有的时候得到了事权，但二级学院行政人员的力量并没有加强，所以很多时候工作任务不能有效地完成，只能做到表层，而没有足够力量去深入、持续不断地开展实质性工作。又如，在内部分配上，二级学院有效利用绩效分配指挥棒、重塑学院内部治理、激发内部活力还不够，大部分还是按照上报给人事处的分配基础数据，以老的分配方式把打包下来的额度再进行分配，简而言之，就是原来是学校帮学院切蛋糕，现在是学院自己切蛋糕，但切蛋糕的方式还是没变，可能有微调，部分经

---

① 谢峰，宋彩萍，2017．高校院系治理改革的理念、困境与突破[J]．复旦教育论坛，(4):76-79.

费有灵活空间，但总体分配方式没多大改变。再如，应用型大学培养的人才是面向社会的应用性层面，因此在这种应用型人才的培养上，应该充分赋权于基层组织，比如说在专业的灵活调整上，包括专业的课程设置，应该充分地将权力配置的重心下移，因为院系一级离学生距离更近，作为更好的基层教学组织，它的成员都是一线教师，在应用型人才培养上面，应该充分地赋予基层教学组织和专业建设机构专业自主权。

有民办高校的访谈者认为，校院两级管理还处于初步探索阶段，目前二级教学单位人事权和财权下放的力度不大，其原因主要是民办高校的运转需要严格控制各类成本，因此二级教学单位相关的管理人员配置有限，完成较高程度的二级管理困难较大。另外，作为民办高校，现有各类教学资源有限，为使资源利用最大化、满足教学需要，还是由学校层面整体调配和把控，无法做到教学资源的切块分配，因此对校院两级管理的推进产生了一定的影响。

（二）二级学院独立运行能力较弱

应用型大学大部分是 1999 年之后升本科的，办学历史不长，办学水平和管理水平还不够高。虽然很多大学较早地实行了校院两级管理，但在实际运行中，基本上还处于以校级为主的管理模式，二级学院独立运行的能力普遍较弱。二级学院是学校办学治校的基本单元和具体实施主体，在推进应用型转型过程中，需要从过去的“大学办学院”变为“学院办大学”，主动担起应用型建设的责任，制定工作方案思路和具体的实施路径。从实际情况来看，随着校院两级管理体制的运行逐步进入相对成熟阶段，在权责的边界梳理、政策配套等方面也逐步完备，但是二级学院在扮演好“建设主体”角色，整合学院内部“学科、专业、课程和教师、学生”等资源，主动契合实际，加强与社会、行业、企业之间联系，实现产教融合和协同育人，调动各方面的积极性、精准聚焦学院提升应用型内涵建设等具体承载应用型转型任务方面还有较大差距。

一些二级学院的领导班子整体力量不够强，结构配置还需要进一步优化。经验丰富的行政职能部门干部，定期轮岗交流到二级学院的还比较少，二级学院和职能部门的干部双向交流机制尚未落实到位。有受访谈者认为，校院两级的权力配置，现在学校存在的最大问题是校级权力下放不充分，二级学院没有独立的、强大的、比较自主的人、财、物权力，其原因是二级学院年轻干部顶不上去，教师队伍又青黄不接，所以学校担心权力下放给二级学院之后会比较乱，导致不敢下放。

学校下放权力不充分，主要是担心二级学院接不住，影响学校的整体运行和发展目标的实现。二级学院接不住学校下放权力的原因，一是在现有体制没有改变的前提下，二级学院的工作本身比较忙，所以这些权力下放下来，二级学院没有时间、精力去接；二是原来没有这些权力，那么放下来以后，要有一个慢慢适应的过程。在应用型转型这个背景下，权力下放应该是一个趋势，关键是权力下放以后怎样用好的问题。

二、治理主体错位现象

应用型大学二级学院内部治理主体在实际工作中缺乏相互协同，常出现错位现象。

（一）行政权力对学术权力的影响

许多应用型大学二级学院对学术权力往往重视不够。应用型大学二级学院虽然建立了各类学术性机构，但缺少有影响力的学术带头人，同时学术机构成员以有行政职务的教授、副教授为主，未担任行政职务的高级职称教师占比少，而二级学院领导班子成员也通常在学术性机构中担任领导职务，因此往往造成学术权力和行政权力过于集中在掌握行政权力者手中。二级学院院长一般也是学术委员会主任，院长从事行政工作时履行院长职责，在学术委员会中则履行学术委员会主任职责，平时对于院长职务的履行是明显的，但对于学术委员会主任职务的履行不太明显。也有的二级学院高级职称教师较少，导致学术委员会成员和行政领导班子成员基本一致，学术权力直接体现了院长意志。在学术委员会行使学术权力时，一般都只有建议权，还有少量项目评审的决定权，往往缺少重大学术事务的决定权和否决权。据了解，有的民办本科高校学术权力运行存在的一个最大问题是学科带头人，教授、副教授等高层次人才比较匮乏，学术力量非常薄弱。学术委员会在学科专业设置方面往往都要听从院长的，或者学校层面的，二级学院学术权力的运行缺乏一个有力的保障，甚至有的连组织机构都没有，都不健全。有的二级学院学术权力的掌握者中，有相当大一部分人也是拥有行政权力的。所谓的教授治学在二级学院往往是一种理想状态，因为学术权力背后没有“资源”，或者说没有“调动资源”的权力，调动资源的权力都掌握在行政权力者手中。学术委员会要真正做到“学术人”说了算，就需要限定掌握行政权力者参与学术权力行使中的名额。

二级学院里需要建立学术委员会，把真正懂教学、懂科研、懂学术的学者聚到一起，那么二级学院里一些有关学术的活动，包括专业的设置、调整，学科竞赛，人员的评推选等都可以通过学术委员会来完成。

（二）学术组织作用发挥不足

许多应用型大学二级学院的学术委员会等学术组织在学科专业建设以及其他重大学术事项上的作用还没有充分发挥出来。实践中，通常是在自评或者重大学术事项上表决一下，并没有真正发挥作用。学术委员会等学术组织一般都建立了章程，但在实际执行中有时不会按照章程履行职责，有些章程对学术委员会职责的规定不够明确，存在学术委员会决定事项与党政联席会议决定事项相互交叉的问题，最后往往是很多重要事项由党政联席会议代替学术委员会作出决定。学术委员会与党政联席会议的职责边界不清，两者之间如何发挥协同作用的机制不明确。比如，一些学校的学术委员会在"十四五"规划的话语权、对职称评定的话语权，对专业建设、自评和重大人事的意见征询等方面发挥的作为极为有限。另外，一些学校学术委员会成员参与的学术权力没有受到重视。教学委员会、学术委员会、学位点分委员会等组织，是当前二级学院行使学术权力的主要机构，但这方面做得还不够好，主要存在学术、教学、学位点等委员会只停留在最后表决上，并没有真正发挥它在学术引领、问题讨论和意见征询等方面的作用。另外，还存在学术组织不够健全，学术活动开展不够有力等问题。

关于学术委员会，一些学校赋予了它很多职能，但学术委员会一年到头其实开的会很少，如果学术委员会就是用来推荐一下职称，这就一定有问题。学术委员会是一个学院发展的需要，一流专业建设都需要学术委员会去努力，专业下面哪几个方向是应该发展的、有优势的，哪些应该适当地缓一缓，这都需要在学术委员会中由大家共同讨论，而不是由分管教学的副院长牵头写材料决定，这主要还是学术委员会的作用没有发挥好。

三、社会参与治理不够深入

（一）缺乏社会参与二级学院内部治理的有效机制

当前引入外部社会力量参与二级学院内部治理建设是一个大趋势，尤其是在强化应用型建设中，众多高校通过校企校地合作、产教科教融合、联合行业共建等多元化途径，进行探索或尝试。但在体制机制上，外部力量并没有真正参与应用型大学二级学院的内部治理。例如，有的高校二级学院混合所有制的办学尚在探索之中；有的高校二级学院引入外部社会力量参与内部治理在形式和内容上比较丰富多元，但办学的具体成效不明显。目前，在校企联合办学方面，主要存在两个问题：一是企业参与学校教育的驱动力不足。为应对市场变化，企业对人才培养和科技创新的需求与学校不同，企业参与学校建设的热情逐步减弱，导致企业参与学校人才培养的驱动力不足。二是进驻学院的企业工程师无法与校内师资形成高效团队。进驻学院的企业工程师虽然拥有丰富的实战经验，但在自身定位、思想认知、发展方向、价值取向、考评体系上与校内师资不同，二者的组合难以形成真正高效的团队。围绕应用型大学建设，有的应用型大学在二级学院层面也进行了一系列改革，目前存在的主要问题是社会力量参与的时间和深度不足。社会力量对于教育的理解需要时间，相对固定的企业合作伙伴较少，目前参与的方式主要是二级学院课程委员会或各种论证会。社会力量在二级学院委员会中所占的人数比例以及制度层面都需要进一步落实。

应用型大学二级学院理事会是有必要成立的，但关键是理事会只是一个咨询机构，作为咨询机构就没有决定权，决定权还是在二级学院。外部力量只能辅助性地帮助学院加强跟社会的沟通联系，使学院获取更多的社会支持。实际上大部分二级学院已经有了很多外部社会力量参与内部治理，但怎样利用平台开展一些丰富多彩的活动，把政府、社会的力量凝聚在一起，不断地搞活动来扩大影响，从而形成良性循环，不断积累成果？有时候可以利用它举办一些学术性的研讨会或者大型活动，有了一定的影响力之后，再争取政府的支持就比较容易。

（二）外部社会力量参与二级学院内部治理不可持续

应用型大学二级学院内部治理中，借助外部社会力量作用的长效机制在于它的可持续性。外部社会组织主要还是利益导向，与高校合作时缺少实际动力。从现代产业学院进展看，存在的问题比较突出。有的产业学院名义上成立了理事会或董事会，但只是形式方面的，并没有实际深入学校办学过程中。政府公务人员的介入只是形式上的指导或仅仅是在讨论产业学院办学方向、人才培养修订的时候参加，也只限于征求意见。企业人员的介入更加松散，因为企业人才的参与存在不固定性、更替比较快的问题，对学校的发展也并不十分了解。另外一种产业学院是实质性的合作。社会力量投入了一部分钱、设备或工作人员进来。但是这部分社会力量的目的性很明确：盈利或从中赚取资源。当这些社会力量参与产业学院办学过程中之后，学校方面发现他们之前的承诺和现实的做法有很大的差距。当他们打着合办产业学院的名号，获取了大量政府和学校的资源之后，并没有把合作办学当成应有的责任或应承担的义务。这样的合作是貌合神离的，二级学院还是要通过自己的努力来完成基本的教学任务。社会力量参与二级学院内部治理，特别是民办本科高校搞校企合作、产教融合的产业学院，往往会有一些行业企业参与，导致高校的学术文化与企业的商业文化形成冲突，社会力量没有话语权。二级学院也不愿意完全放权，因为在专业设置、教育教学等一些重大事项上，有的时候咨询社会力量不过是走形式，很难真正地让他们参与。

四、内部自主运行效率低下

（一）民主监督管理滞后

一些应用型大学二级学院的民主监督管理相对比较滞后。目前，应用型大学二级学院教师民主权利行使主要通过教职工代表大会，教师参与的委员会、工会，每学期期中教师座谈会，每年年底二级学院教师调查、座谈及对二级学院领导层行政能力评价等方式进行；学生民主权利行使主要通过学生代表大会、学生事务委员会、每学期期中学生调研、班级学生信息员座谈、班级学生代表座谈、院学生会等方式进行。叶桂方等认为，虽然在制度机制上，二级学院都建立了工会、教职工代表大会、学生代表大会等组织，但在资源和制度保障上，这些组织实际上缺少有效的资源支撑，处于弱势地位[①]。应用型大学二级学院的民主监督管理相对比较滞后，民主监督体系还不能完全适应新的形势和要求。师生民主权利行使的情况主要看二级学院主要领导的民主意识、规则意识。在实践中，存在一些二级学院不开或少开教代会的情况，开会仅仅是审议院长工作报告，以党政联席会议代替教代会审议涉及师生利益的重要制度文件或改革推进情况。还存在提交议案少且缺少反馈，有些问题得不到及时有效解决等，师生对二级学院办学决策过程不够清楚，限制了师生民主监督权利的行使；相应制度建设不够完善，常态化的沟通机制不够健全，部门针对问题的解决反馈不够快速，导致师生行使民主权利不充分等问题。

① 叶桂方，陈浩，孙棋，等，2018．扩大办学自主权背景下的院系自我约束:困境与突破[J]．复旦教育论坛，(5):46-52．

（二）师生参与内部治理的积极性不高

一些应用型大学师生行使民主权利的能力不强，很少能够站在二级学院层面就学科建设、教学建设和学生工作等提出有针对性的意见。还有一些二级学院师生的民主决策意识也不够强。学生行使民主权利更少，在涉及学生的重要制度制定或改革方面，听取学生意见往往不够，学生的民主权利发挥渠道有限。有关学生的改革制度一般也是由学校推动，二级学院基本没有。总体来看，很多行政人员潜意识里仍然认为自己与学生之间是管理与被管理的关系，不是服务与被服务的关系，可能两者都存在，都很重要，但实际操作中，往往管理多于服务。有受访者认为，师生的民主权利这方面存在的问题很多，有的民办本科高校二级学院连教代会制度都没有建立，老师和学生的权益难以得到保障，呼声和诉求难以得到回应，反映给二级学院的领导也没用，他们也没权力解答，因为他们本来就缺少人、财、物的权力，需要靠学校层面来解决，一些二级学院的民主权利比较弱，有时候甚至是被忽视或漠视，在一些重大的事项决策上面，很少听取师生的建议、诉求。

二级学院要多措并举增强师生的民主意识，提高师生的民主监督水平，平时需要多开座谈会，还要想办法让师生多讲话，收集更多的意见并梳理，看看怎么反馈和解决，但有的事情实在没有办法，也要做好解释工作。总之一句话，这方面要敞开一个渠道，让师生能够发表他们的一些建议、意见，至少让他们有一个提建议的渠道。

第三节　应用型大学二级学院内部治理存在问题的原因

二级学院内部治理存在的问题既有所有高校存在的共性问题，也有应用型大学存在的个性问题，这些问题的产生都有一定的历史背景，也有在实践过程中出现的偏差。本节从制度安排、治理结构、组织架构、运行机制 4 个方面查找问题的原因，透过现象看本质，找到完善应用型大学二级学院内部治理的策略。

一、制度体系缺乏变革创新

（1）有的学院领导班子缺乏制度变革意识。张维迎认为，无论是企业还是大学，其有效运行都需要一整套的制度安排，而这些制度安排就成为组织的治理结构[①]。当前，二级学院内部治理运行过程中，以党政联席会议制度为载体，存在会议召开频率的随意性，议事的职责事项不够清晰，包揽代替其他会议形式；在会议决策上，存在不够民主，会前酝酿和会中讨论不充分造成“议而不决”；在会议执行监督上，监督落实不够、责任主体不明确导致“决而不行”等问题[②]。二级学院的发展在一定程度上取决于领导班子是否有创新意识，对应用型大学来说更是如此，应用型大学要想发展就必须走特色发展之路，要有特色就必须创新，如果一个二级学院的领导班子没有创新意识，对自己学院的发展没有总体思考，那么这个二级学院要进一步发展是很难的，甚至是不可能的。学院领导班子理念认识存在问题，主要表现在对应用型建设的内涵理解存在偏颇、不够全面，在推动学科建设、人才培养、专业建设、社会服务等重要事项上缺乏整体意识，开放合作办学的意识不强，对新工科、新文科、新商科等理解不够到位，对当前高等教育教学领域的大变革缺乏深入的研究，以变应变、主动求变的动力不足，在二级学院转向应用型转型的相关制度设计、政策导向拟定、学科发展与专业建设目标设定、人才培养方案制定等方面仍然存在传统的惯性思维，没有将本土应用型的特性发挥出来。

（2）学生培养协同机制存在问题。人才培养质量是检验应用型大学建设成效的重要指标，新时代教育评价改革的核心和落脚点是立德树人。当前“让学生忙起来、让学生动起来、让毕业难起来、对学生严起来”已经成为高校的共识。如何培养更多符合社会需要的高素质应用型人才，关键在二级学院内部需要形成“协同育人”的体制机制，需要二级学院内部从学科、专业、教学、管理等全领域全过程和“领导、教师、职员”全员形成合力，外部需要二级学院与社会、行业企业进行互相联动、资源整合，全方位实现“协同育人”，提升学生的培养质量，但目前这方面还严重不足，部门之间的条块分割仍然存在。

（3）社会力量有效参与二级学院内部治理缺乏制度创新。应用型大学建设离

---

① 张维迎，2012．大学的逻辑[M]．北京：北京大学出版社．

② 叶桂方，陈浩，孙棋，等，2018．扩大办学自主权背景下的院系自我约束:困境与突破[J]．复旦教育论坛，(5):46-52．

不开社会力量的参与，需要开放办大学。绝大多数二级学院没有建立社会力量参与内部治理的理事会等机构，利用社会力量参与内部治理还不够，没能充分发挥政府部门、企业家和领域专家在应用型人才培养定位、办学资源整合等方面的积极作用。在社会资源为我所用，提升合力办学等方面做得还不够。对校友关系维护也不够，没能吸纳广大校友参与二级学院内部治理。其主要原因是缺少开放办学的理念，有些二级学院没有多余的力量、精力和资源支撑开展此项工作，缺少足够的动力。社会力量参与二级学院内部治理的主要方式是建立产业学院，目前，产业学院的运行尚停留在表层，高校能否为企业带来可持续的利益，以及企业是否着眼于长远的利益做好产业学院是现在需要突破的最大问题，在运行机制上需要二级学院进行创新。有受访者认为，要适应应用型大学人才培养的目标定位，当前高校二级学院内部治理确实需要进行变革，特别是社会对高等教育的人才培养、科学研究、社会服务等提出了更高的期待和要求，但总感觉高校的发展遇到瓶颈，往往感觉到二级学院无法持续推进，产生类似“肠阻梗”的现象。

学校党委、行政部门是变革的主导，必须要有强烈的变革意识，哪怕遇到再大的困难和阻力，一旦瞄准了目标，思路理清楚了，就要强硬地推行下去；对二级学院来讲，要有强烈的变革意识，要认识到二级学院治理变革的重要性，可能在当前阶段治理变革是权力的再分配，会对二级学院的工作造成不适应，但是这种治理如果是科学的治理结构，把它转化为科学的决策机制和执行机制以后，将会给二级学院的发展带来强大的体制上的动力。

二、治理结构缺乏整体设计

（1）校院权责不清晰。校院两级权力不对等是因为办学和资源配置的决策权归学校，也就是行政力量过于强大，缺少顶层设计和实施路线，忽视二级学院的办学主体地位，未能充分激发二级学院在应用型大学建设中的积极性，对二级学院缺少激励机制。要体现二级学院的办学主体地位，必须调动二级学院办学的积极性。目前制约二级学院积极主动作为的主要原因是校院两级权责关系没有理清，学校要下放多大权力、下放哪些权力没有搞清楚。有受访者认为，作为二级学院，现在事项管理的问题还是边界不清楚，即使《校院两级管理办法》出台之后还是没有理清楚，有些部门把麻烦的事情推下去，权力收回来，把复杂的、难做的工作全部推给二级学院，把有些不需要他们来执行的权力又收回学校，导致责权利不匹配，原因是学校固有的发展模式还没有改变。现在一般明确二级学院为党政共同负责制，涉及二级学院人、财、物等方面的大事情一般应该召开党政联席会议，重大决策在党政联席会议上讨论通过。但实际运行过程中，执行环节会出现偏差。

（2）学校权力下放不充分。熊庆年等认为，高等学校的治理结构是特定条件下的客观存在，是多元利益主体相互关系的一种制度化体现，具有相当稳定性，而治理结构是指通过权力配置和有效的运行机制，实现相关利益主体间的关系平衡，切实保障了大学的有效运行[①]。有的二级学院认为权力下放不够，而有的二级学院却一时难以适应，认为压力太大；有的二级学院抓住机遇，利用权力下放的“政策红利”，加快高层次人才引进，主动与社会对接，提前为发展布局，但也有的二级学院“犹犹豫豫”“得过且过”。究其背后的根本原因在于每个二级学院由于办学历史、基础、规模、层次及管理水平等不同，因此产出的效用差距较大，甚至出现“强者越强、弱者越弱”的现象。对学校来说，决定下放给二级学院的权力多少主要看二级学院是否接得住，如果二级学院不注重内部治理，没有治理的理念，也没有合理的内部治理组织架构和健全的运行机制，学校将权力下放了之后，对二级学院来说反而是负担，因为权力下放的同时，责任和事项也随同下放，这样就会导致有些二级学院承担不了，只能引发内在矛盾，出现一系列的问题，影响二级学院正常运行，这也就出现了二级学院“弱者越弱”的现象。

（3）一些应用型大学二级学院的学术权力发挥作用不足。一些二级学院未能激发广大学术科研人员的积极性和主导作用，未能发挥学术带头人在学术引领中的作用，未能建立起科研团队等基础学术组织以及完善的学术权力运行与保障机制。涉及院级层次的调动，因为缺少学科带头人、学术团队，教授很难组织起来，基层学术组织负责人要花大量时间在学术管理上，严重影响个人学术发展，导致不太有人愿意做基层学术组织负责人。其主要原因是基层学术组织负责人手中缺少学术资源，学校下放到基层学术组织的学术资源很少，另外，一些应用型建设高校基层学术组织负责人的学术能力不够强，很难到外部去争取更多的学术资源，因此，基层学术组织负责人很难通过学术的力量将教师凝聚起来，往往只能通过行政的手段将教师组织起来搞学术。

学术权力与行政权力很难完全分开。例如，学院购买一批钢琴，这属于学术权力还是行政权力？可以说，作为学术组织的二级学院，所有的工作基本都可归属到学术权力范畴。如果从狭义的学术委员会等权力运行来看，二级学院学术权

① 熊庆年，代林利，2006．大学治理结构的历史演进与文化变异[J]．高教探索，(1):40-43．

力基本上隶属于行政权力。因为学院领导才是学术权力的组织者与主要决策者，学术委员会的运作，基本上在学院领导的控制范围内。

（4）师生民主权利行使不够充分。其具体原因是多方面的，其中根本的原因在于二级学院管理层的权力主要来自学校上级部门的授权，所以，二级学院守底线的事情做得比较多，对师生的民主权利维护，如对反馈上来的意见和建议往往不够重视。师生民主监督的权利行使仍然偏弱，师生参与治理的主动性没有充分地调动起来。有些是师生对相关的权力运行并不知情，也就是治理的透明度并不大，所以师生无法完全掌握信息。例如，学院党政联席会议中决定的一些事情，老师和学生并不一定能够充分地掌握。很多时候这些事项需要上传下达，而在内部治理过程中往往会出现对上层负责的多了，但对下层征询意见的就少了，这也是一种现实情况。出台某一项管理规章制度的时候，一些部门在行使权力的过程中对前期的调研不够充分，在制定具体办法的时候对某些利益的思考有所欠缺或是实际情况没有掌握好，这也为后续的实施带来一些风险。

二级学院在人、财、物、事等方面均存在权力与责任不对等情况。例如，干部的任命权基本上在学校；虽然致力于“两级管理”，财务权力下放到二级学院，但调控空间有限，经费使用权受限，自主筹措办学经费的积极性难以调动；人事上，学院拥有选人权，但学校拥有最终决定权；等等。在民主权利行使上存在领导引导不力，师生意识不强的问题。如果从更加突出的问题而言，那就是一些师生对于自己的民主权利关注不够，只要不涉及自身直接的较大的利益，他们往往视而不见。

三、组织架构缺乏应用特性

（1）随着管理重心下移，校院两级组织架构调整不够到位。在校院两级组织架构上，学校机关职能部门还未根据应用特性将自己的工作职责从管理转移到服务上来，大量机关职能部门的存在，容易造成人力资源浪费，出现“人浮于事”的问题。更严重的是这些机关职能部门将大量的工作布置给二级学院，而二级学院要应付众多的机关职能部门，不堪重负。多数应用型大学在校级层面设置了大量机关职能部门，并把学校主要管理力量配置在这些部门，造成了二级学院管理力量不足。机关职能部门代表学校行使相关职责，掌握了学校人、财、物的核心资源，出于部门利益考虑，一些机关职能部门一般不愿意将管理力量下放，只会将这些权力牢牢掌握在自己手里，而将大量的事权通过众多的机关职能部门下放到二级学院，二级学院本来就管理力量薄弱，加之众多机关职能部门下放的大量事权，导致二级学院没有时间精力和空间去谋划对外发展，加强与社会的联系和合作，而更多的是完成机关职能部门布置的任务。之所以出现这样的状况，就是因为校院两级管理改革不到位，很多应用型大学虽已出台了相关制度文件，但实际执行中还远远不够，管理重心未真正下移，机关职能部门没有精简，工作职能没有转变。有些大多数应用型大学二级学院的管理力量没有配齐配强，二级学院党政班子成员年龄、知识和个性特点结构等方面不尽合理，还存在班子成员没有及时配备到位的问题，支撑整个二级学院独立自主运行的行政人员队伍也存在人员配备不足或者不够精干等问题。高校加强应用型建设，势必要求学校层面进行宏观管理，主要负责提供有效政策和各项保障服务，二级学院层面要承担起教学、科研、人才培养和服务地方的具体责任，成为办学的主体，只有这样，应用型建设才能真正落实落地。从二级学院目前的实际运行状况来看，其未能承担起办学主体责任，主要原因在于校院两级管理改革不深入不彻底，还停留在口号上或文件制度上，未触及校院两级组织架构的变革。围绕加强应用型建设，学校对机关职能部门精简不到位，职能转变未落实，没有将重要的管理力量配备到二级学院，二级学院的内设机构仍然是科层制结构，按照面向社会需求进行扁平化结构的事业部制改革不够到位，社会力量很难参与二级学院的内部治理。

（2）根据应用型大学的特性，应用逻辑的二级学院组织架构尚未建立。应用型高等教育的兴起，亟须高校行政权力变革，从“泛行政化”向“类企业化”管理模式转型。有些高校围绕应用型建设也进行了改革校院两级组织架构的探索，既有成功的经验，也有失败的教训。例如，某学校主要进行了以授权为核心的内部管理体制改革，将过去集中在学校层面的人事、财务等资源配置权力下放给二级学院，增强办学活力；同时对行政职能系统的功能进行调整，行政权力支持、服务二级学院。在此制度安排下，进行了人事、财务、业务 3 方面的权力重新配置，二级学院成为行使权力的主体，学校成为战略规划、资源保障、服务支持的公共设施和基础平台。为保障授权改革推行，进行了全方位的组织架构调整。一是学校实施大部制改革，职能部门从 24 个一度减少为 12 个；二是教务处、学生处、人事处、财务处等主要职能部门进行组织机构调整，按照服务对象和流程导向设置内部机构；三是对二级组织结构进行改革与调整，根据市场推广、品牌建设、产学合作、质量管理、教师发展、国际交流等新赋予二级学院的职能，设置二级学院内部组织，同时对教学科、学生科、办公室等传统部门进行整合优化。近几年，在授权基础上进一步推进改革，加强基层学术组织建设，改革传统的教研室架构，实施课程小组模式，每个二级学院的教学系统按照扁平化的课程小组进行组织。学校和二级学院均配套实行了委员会制度。授权体制改革，增加了二级学院的自主性和积极性，二级学院由过去的教学实施单位变为“院办校”的办学实体，也一度形成了二级学院“八仙过海、各显神通”的景象和格局。注重基层组织建设和调动一线教职工的积极性和自主活力，“参与感”是极为重要的方面，通过制度和机制让一线教职工能够广泛参与学校与二级学院的改革发展。但也发现一些问题，如授权力度过大，存在标准缺失、多元多样但不具学校发展意义等问题。授权不是降低标准，不是放任不管，也不能缺失标准，授权改革既要重视被授权对象的领导力、组织能力，还要强调授权的“统一性”，注重“统一中的多样性”与“多样中的统一性”的协调一致。学校和二级学院发展目标出现偏差，该学校在授权改革过程中，强调课程改革、学生发展等教学目标以及改革创新、管理能力建设，而对学科建设、科研等相对关注不足，在政策环境变化时，出现了明显的短板和竞争失利现象。围绕校院两级的权力配置进行的组织架构调整，目的是更好地推进应用型建设，因此，二级学院要找到有利于应用型建设的组织架构。

社会力量还基本没有参与学校二级学院内部治理，主要原因在于学校还没有建立社会力量参与二级学院内部治理的机制，也没有成立相应的机构，社会力量基本没有机会参与二级学院内部治理。一些二级学院引入外部力量，有些就是一种表面的挂名的，或者说非实质性地参与内部治理，根本就谈不上内部治理层面了。但是外部力量要能够进来也有很多影响，首先是学校怎么去接纳，其次这些企业中能不能派出长时间住在高校里的师资，好多企业也做不到。比如，这些人原来在企业里都是中层技术骨干，一下子抽到合作院校去比较困难，当然除非有一些是教育合作性的企业，它就是做高校合作的，可能就会把相关的人员派过来，因为高校就是它的市场。校企合作一定要解决学院能够为企业带来什么，能够直接给它带来利益的，那它就愿意深度合作。如果不能直接带来利益，它可能也就是适度地参与一下，还停留在人才培养方面提提意见，指导一些实践或者是共建实验室等，不能真正参与二级学院内部治理。

四、运行机制缺乏系统整合

（1）应用型大学二级学院内部运行机制不健全。应用型大学的学术治理体系，不同于传统学术治理体系中的教授治学，其更加重视行业、企业的加盟合作，形成“合作治学”的新格局[①]。但是，在现实中，二级学院在开展工作时，领导班子成员经常会感觉工作非常忙，没有时间集中精力去抓重要工作，出现行政管理工作效率低下的情况，其中的重要原因在于学术事务需要行政力量来推动，学术权力的运行机制不够健全。学术权力与行政权力之间的关系在应用型大学比较突出，因为应用型大学一般本科办学时间不长，二级学院缺乏学科带头人，学术委员会成员中有行政身份的成员占比较高，往往不能真正实现“教授治学”。针对这一问题，应用型大学进行了不断探索。例如，某学校以基层学术组织建设为依托，明晰基层学术组织的功能作用，推进内部治理变革，推动行政权力与学术权力适度分离、合理分治，保障学术权力有效运行。同时，进一步整合了学术团队，理顺了教学与科研的关系，促进了学术资源的优化配置。

教授治学发挥得不够充分的原因是教授的积极性不高，他们认为做好自己的工作就行，做其他事情对他们来说好像也没有什么明显的切身利益。因此，这个问题的核心还是利益问题，科研和教学相互之间如何平衡，最终还是要靠利益导向。通过这个表象深入地去挖掘内部原因，建立“教授治学”的运行机制，让教授带头参与学术治理。

（2）二级学院内部治理中，积极引入外部社会力量参与运行的机制不健全。应用型大学二级学院内部治理变革，应聚焦整合扎根于学者行会传统的教授治理力量与行业、企业等外部主体间的良性互动与合作，形成一种基于任务导向的主体间权责边界明晰、内嵌商谈沟通、协商民主与程序正义精神的“合作治理”机制[②]。目前，外部社会力量参与应用型大学二级学院内部治理的可持续性、稳定性不足，在没有制度强制约束的情况下，外部社会力量参与二级学院治理的广度、深度和效果，主要取决于二级学院领导者的个体因素，包括对多元角色参与治理的认识、对外部资源的挖掘意识等。在大学与社会的关系上，大学比社会强势，在这种关系模式下，外部社会力量不可能成为主导，外部社会力量如何参与主要取决于二级学院领导者赋予外部社会力量的角色。外部社会力量参与二级学院内部治理是应用型大学需要突破的一个重点，也是应用型大学区别于学术型大学的显著特点，让外部社会力量参与不囿于高校二级学院领导者的个体因素，需要建立起一套高校与外部社会力量互动共赢的运行机制。

---

① 刘向兵，姚荣，2016．应用型大学内部治理结构变革的法理依据与模型建构[J]．中国高教研究，(6):56-59.

② 刘向兵，姚荣，2016．应用型大学内部治理结构变革的法理依据与模型建构[J]．中国高教研究，(6):56-59.

本章小结

应用型大学的本科办学历史不长，大多数是从 1999 年以后新建或升格的，在内部治理上缺乏经验，在应用型建设的实践探索中存在不少需要解决的问题。通过深度访谈，结合理论分析，发现应用型大学存在校院两级管理推进乏力、内部治理主体错位、社会参与治理浮于表面、内部自主运行效率低下等比较突出的问题。透过现象看本质，从内部治理上究其原因，主要是应用型大学二级学院制度体系缺乏变革创新，治理结构缺乏整体设计，组织架构缺乏应用特性，运行机制缺乏系统调整等。

第四章　应用型大学二级学院内部治理案例分析

我国应用型大学是在国家强力推动下发展起来的，自 2015 年 10 月，教育部、国家发展和改革委员会、财政部联合发布《关于引导部分地方普通本科高校向应用型转变的指导意见》（以下简称《转型指导意见》）以来，经过多年的实践，取得了一定成效，但也存在不少问题。本研究先通过选取全国 41 所典型的应用型大学章程文本进行静态分析，再通过选取 3 所典型的应用型大学案例进行动态分析，由此总结出应用型大学二级学院内部治理的经验教训，可以发现目前应用型大学二级学院内部治理的可取和不足之处，从而进一步印证本研究发现的问题。

第一节　应用型大学二级学院内部治理文本分析

在规范办学行为，保障学校依法办学，推动学校实行自主管理，实现学校发展目标中，大学章程是一份纲领性文件，内部治理一般在大学章程中都有明确规定。通过分析大学章程，能够从静态上了解和掌握应用型大学二级学院内部治理的现状。本研究选取全国 41 所典型的应用型大学章程，运用文本分析法，探析应用型大学二级学院内部治理的静态状况。

一、章程文本选择及分析方法

在推进应用型大学治理和学院内部治理改革过程中，高校的规章制度体系能够起到制度支持和保障的重要作用。大学章程是高校办学与二级学院治理的纲领性文件，既是学院治理的基本原则和依据，也是优化二级学院内部治理的关键途径[①]。只有构建体系完整、科学规范、实施有效的大学内部规章制度体系和学院内部的具体运行制度，学院内部组织才能在制度的规范下相互协调运作。在 2015 年 10 月，教育部等部门印发《转型指导意见》后，已有 13 省（市）出台方案，确定了 181 所高校完全转型为应用型大学或部分专业进行转型。其中，浙江省力度最大，有 41 所普通本科高校主动申请应用型建设，占全省普通本科高校总数的 68%。本研究根据区域分布情况和应用型建设实际成效，选取全国各地具有代表性的 41 所向应用型大学转型的本科高校章程进行了文本分析。41 所应用型大学选取地域广泛，代表性强，涵盖华东、西北、西南、华南、华中、华北、东北等地；按照应用型转型建设程度，选取的 41 所大学大部分是整体转型应用型大学，也从中选取了 2 所部分专业集群转型应用型建设的院校；从学校类别来看，选取的 41 所应用型大学有综合类、理工类、师范类、语言类、医药类、农林类、政法类等，学科专业类型覆盖面广，类型多样，具有一定代表性。

文本分析是社会科学研究中常用的研究方法。文本分析尤其在对官方文件的分析中占据独特的地位，如涂尔干对教育系统的研究、马克思基于对官方出版物研读的大多数著作等都采用了文本分析的方法[②]。制度文本不仅承载较多的重要信息，更是其意义价值呈现的场所。本研究围绕应用型大学章程制度文本中的二级学院治理内容进行文本分析，对章程文本的表示及其特征性进行提取，从而掌握应用型大学二级学院内部治理的静态状况。

二、章程文本分析

（一）行政权力方面

在高校管理体制改革持续推进过程中，应用型大学进一步突出二级学院的办学主体地位，高校的行政权力集中体现在党委领导下的校长负责制这一架构，这是法律、政府意志和规章制度所赋予的影响力，其实质属于一种职务权力。在应用型大学中，行政权力完整且系统，自上而下。对二级学院来说，主要体现在院长是二级学院的行政主要负责人，掌握行政权力。

我们从 41 所应用型大学的章程文本中不难看出，行政权力主要由二级学院院长的职责权限进行界定。有些大学章程中明确阐述院长的职责，有些大学未提及

① 许晚辉，2017. 高校二级学院内部治理结构研究[D]. 湖南大学硕士学位论文.

② 赵小焕，2022. 大学教师参与学院治理研究[D]. 浙江师范大学博士学位论文.

院长职责，但有学院职责的内容描述。其中所有的应用型大学都提到院长负责组织教学、科学研究、行政管理。这与高校人才培养、科学研究、服务社会三大职能几乎相吻合，说明教学、科研、行政管理是应用型大学二级学院院长职责权限最重要的三方面内容，且已经达成广泛共识。其他诸如学科建设、发展规划、对外合作、内部建设、人事、财务等均有不同程度的涉及（见表 4-1）。更有少数大学在章程中还提到院长需协同配合学院党委（党总支）做好思想政治、党风廉政建设等工作。以院长为代表的行政权力不仅涉及教学和科研等学术管理范畴，而且也涉及日常行政管理。

表 4-1 二级学院院长职责权限章程文本统计一览

职责类别	职责权限	院校数量	占 比
本职职责	组织教学科研	41	100%
	行政管理	38	92.7%
其他业务职责	对外交流与合作	35	85.4%
	财务与资产工作	16	39%
	编制发展规划、年度工作计划	15	36.6%
配合性职责	配合思政、党风廉政工作	5	12.2%

资料来源：自制。

分析文本，我们可以很清楚地发现，以院长为代表的行政权力范围广、边界宽，比较强势。

（二）学术权力方面

教授是一所高校代表最高学术水平、学术成就以及科研智慧的重要群体，对学术事务有天然的权威话语权。二级学院是应用型大学的办学主体，教授在科学研究、教学、学科建设、专业建设、学位评定等具有较强专业性的事务中参与二级学院治理。

从 41 所应用型大学的章程文本来看，在二级学院的相关章节中很少出现教授字眼，更没有对教授的身份、地位、职责进行阐述。大部分大学章程仅仅提到二级学院学术委员会受学校学术委员会指导开展工作。只有少数大学在章程文本中用较多篇幅对二级学院的学术委员会性质、成员身份与数量构成、具体职责进行详细规定。例如，有大学在章程中提出，学院学术委员会是学院的学术决策、评定、审议与咨询机构，审议学院学科、教学、科研、人才队伍等重要事项，听取学院学科组织负责人关于本年度工作计划、工作总结的报告，负责学院学术水平、成果评定，学位和学术荣誉授予，学风和学术道德建设有关工作。还有大学的二级学院设立教授委员会，其性质就是学术委员会。规定由具有副高以上专业技术职务人员组成，设主任 1 名，副主任 1 名，委员由学院专业技术人员推选，党政联席会议审定，院长聘任。

单单从二级学院学术权力的文本数量来看，简短的篇幅与行政权力多达一页篇幅相比，差距甚大。再从内容来看，二级学院学术权力紧紧依附于学校层面的学术权力，至于具体如何开展工作鲜有提及。另外，大部分应用型大学章程中规定，学术委员会主任由二级学院院长兼任或聘任，这个规定说明以教授为代表的学术权力很难对以院长为代表的行政权力进行约束，可能出现以行政权力影响学术权力的现象。

（三）民主权利方面

学校最基本的组成要素是教职工和学生。教职工群体较广泛，包含以教学科研为职责的专任教师以及行政管理、教学管理、工勤人员等，学生是依法依规被学校录取，具备入学资格的受教育者。

从 41 所应用型大学的章程来看，几乎都是对学校层面民主权利的阐述，二级学院层面则少有涉及。在学校层面，学校建立了集体决策、专家咨询和师生参与相结合的机制，保障师生参与学校决策、执行和监督。对教职工行使民主权利来说，学校建立健全二级学院教职工代表大会制度，教职工主要通过二级学院教职工代表大会参与学院民主管理和监督；对于教职工代表大会的意见建议，一般都是以会议决议的方式做出；学院实行院务公开，院长一年一次向本学院全体教职工或教职工代表大会报告工作，全体教职工对院务工作进行监督。例如，有的学校章程中规定，二级学院教职工代表大会的主要职责：听取并审议学院发展规划、涉及学院重大改革和重要事项的报告；讨论通过学院的分配、福利方案，审议与学院教职工切身利益相关的规章制度；审议学院工作报告和经费预决算报告以及党政联席会议提交的需要教职工代表大会审议和通过的事项。对学生行使民主权利来说，章程中也都提到通过吸纳学生参与学校重要会议以及学代会等方式对学校的工作提出意见和建议，通过学生会、社团等学生组织开展保障自身权益的活动，学生依法参与学校民主管理。还有的学校章程中规定，学校尊重和支持学生通过学代会参与学校的民主监督和民主管理，通过吸纳学生参与学校重要会议等方式，吸收学生的合理意见和建议，维护学生的正当权益。学校实行校院两级学生代表大会制度。校学代会不仅是学生参与学校民主管理和行使民主权利的重要形式，也是校学生会的最高权力机关，代表全校学生的意志，维护全校学生的利益，还是联系学校的重要渠道。校学生会参与学生事务的民主管理，主要通过学生代表提案机制等方式。除了校学生会组织，学校也支持学生成立社团或其他学生组织，这些学生组织要在学校允许范围内按照各自章程、规章独立开展活动。学校各级各类学生组织应遵守法律法规和学校规章制度。

从章程中，我们可以看出，对师生民主权利都做了一定规定，但基本界定为：参与事务管理权，以及意见建议权，缺乏在实际工作中参与决策的明确规定。

三、行政权力、学术权力、民主权利运行的状况

行政权力、学术权力、民主权利最终都要通过一定的运行机制和载体体现，从文本中可以清晰地看出，行政权力主要由党政联席会议实现，学术权力主要由学术委员会实现，民主权利主要由教职工代表大会和学生代表大会实现。

（一）行政权力运行状况

从 41 所应用型大学的章程文本看，绝大多数二级学院都对党政联席会议做了规定和说明，都指出党政联席会议是二级学院的主要决策机构，其中有的学校在章程中还明确提出党政联席会议是二级学院管理中的最高决策形式。还有的学校对党政联席会议的参加人员做了规定，在章程中明确规定党委（党总支）书记、院长、副书记和副院长是学院党政联席会议的组成人员；有的学校还将纪委书记列入党政联席会议成员，并提出其他人员可根据需要列席会议；有的学校将不是班子成员的办公室主任明确作为党政联席会议的列席成员；有的学校将分工会主席也作为党政联席会议的参加成员；还有的学校明确提出教师代表、其他人员代表和学生代表可按会议需要列席会议。这说明部分应用型大学对二级学院的中枢核心部门、代表广大教职工利益的工会组织以及学生等民主权利主体列席甚至参加党政联席会议有了一定考虑。办公室主任作为二级学院领导班子的“身边人”，列席党政联席会议并发表意见建议有非常直观的参考意义；工会是代表全体教职工的群众组织，工会主席参与学院建设发展中各项事务的讨论也是应有之意；学生是大学行使民主权利的重要群体，列席党政联席会议在一定程度上彰显了更充分的民主治理体系。

绝大多数大学对党政联席会议所研究的事项范围做了具体规定，归纳起来主要包括理论与会议精神的传达学习，商讨学院未来重要建设发展规划、年度计划、总结，科室系别设置与调整，教学科研、专业建设、学科建设等重大改革事项，人才引进、离职、选拔、调动事宜，教职工培养考核、职称评定、岗位聘任、绩效分配事宜，招生计划与就业工作，年度经费预算和大额经费执行等。有的大学还进一步提到人才引进、年度考核、廉政责任等重大事项实行书记、院长“双签字”制度。

从前文对章程文本中关于党政联席会议内容的梳理可以明显看出，党政联席会议实际上是集二级学院党委（党总支）领导与行政运行机制于一体，是学院议事决策的主要形式，所研究的事项范围非常广泛，覆盖了学院改革发展、干部任免、人才引进、大额资金使用等重要事项。

（二）学术权力运行状况

学术委员会作为校内最高学术机构，在《高等学校学术委员会规程》中做了规定，即统筹行使与学术有关的职权。学术委员会是教授治学、行使学术权力最主要的方式，体现了教授在学校重要学术事务中的权威话语权。二级学院作为主要的办学主体，学术委员会理应在二级治理体系中发挥关键作用。

通过章程文本分析，可以发现，大多数大学都提到二级学院的学术委员会，有些也称为教授委员会，但篇幅普遍较短，主要阐明其作为学院学术事务的最权威机构，对学院学术事务进行评议、咨询、决策，最多提到学院学术委员会根据学校学术委员会的指导和规章制度开展工作，定期向学校学术委员会汇报，并接受监督。而关于二级学院学术委员会与学院其他组织体系之间的横向关系几乎没有涉及。但有的学校在章程中提出党政联席会议中如果涉及学院学术事务，则需按规定交由学院学术分委员会提出意见，这也算是对二级学院学术委员会与党政联席会议之间关系的明确描述。对二级学院学术委员会成员人数、人员构成等更鲜见于章程中。有的学校提到学院学术委员会一般由 5~9 人组成，其中不担任学校中层领导职务的委员数不少于 1/2，设主任委员 1 人，一般由院长担任。也有高校在章程中未提及二级学院的学术委员会。

从整体来看，在章程中提及二级学院学术委员会的内容不多，只有 39%明确了二级学院学术委员会的定位与性质，规定了召开时间、人员构成、人员产生方式的比例都低于 15%，甚至有 12.2%的应用型大学未提及，运行机制见表 4-2。

表 4-2　二级学院学术委员会相关内容章程文本统计一览

内　　容	院校数量	占　　比
定位与性质	16	39%
议事范围	29	70.7%
召开时间	0	0%
人员构成	5	12.2%
人员产生方式	6	14.6%
与校级学术委员的关系	15	36.6%
未提及学术委员会	5	12.2%

资料来源：自制。

（三）民主权利运行状况

2011 年 12 月，教育部发布了《学校教职工代表大会规定》，全文共 6 章、30 条，主要对教职工代表大会的职权、代表的产生、组织规则、工作机构等做了详细说明。学生（团学）代表大会是我国高校学生群体参与内部治理的主要形式，学生（团学）代表大会一般由团委、学生会（研究生会）等负责筹办。教职工代表大会和学生代表大会都是高校民主权利的主要体现方式。

从 41 所应用型大学章程文本来看，和二级学院学术委员会一样，关于二级学院教职工代表大会和学生代表大会的论述同样篇幅较少，绝大多数大学仅仅提到建立二级学院教职工代表大会制度，参照校级教职工代表大会行使职权，最多提及其职责定位，即教职工代表大会是教职工行使民主权利的重要载体。通过梳理发现，有的学校章程文本中对于二级学院教职工代表大会的主要职责做了详细说明，其中提到二级学院教职工代表大会负责听取审议学院发展规划、涉及学院重大改革和重大事项的报告，讨论通过学院的分配、福利方案，审议与学院教职工切身利益相关的规章制度，审议学院工作报告和经费预算决算报告，还负责党政联席会议提交的需要教职工代表大会审议和通过的事项。其他关于召开时间、人员产生方式、任期等内容均没有大学提及。见表 4-3。

表 4-3　二级学院教职工代表大会相关内容章程文本统计一览

内　　容	院校数量	占　　比
定位与性质	10	24.4%
议事范围	23	56.1%
召开时间	0	0%

续表

内　容	院校数量	占　比
人员构成	1	2.4%
人员产生方式	0	0%
任期	0	0%

资料来源：自制。

二级学院学生代表大会与教职工代表大会相比，内容更少，仅有少量大学提到院级共青团或院级学生会，有的学校提到学院设立院学生会、院研究生会组织，在学院内行使相应职权。大都只在校级层面阐述学生代表大会的定位、职责等；有的学校对学校团员代表大会、学生代表大会进行详细阐述。在高校章程样本中，对二级学院学生代表大会召开时间、人员构成、人员产生方式、任期等内容都没有提及。见表 4-4。

表 4-4　二级学院学生代表大会相关内容章程文本统计一览

内　容	院校数量	占　比
定位与性质	3	7.3%
议事范围	4	9.8%
召开时间	0	0%
人员构成	0	0%
人员产生方式	0	0%
任期	0	0%

资料来源：自制。

从上述分析我们可以看出，教职工代表大会和学生代表大会作为民主权利的运行载体，对其如何有效运行在章程中缺乏明确规定。

第二节　应用型大学二级学院内部治理案例分析

本研究运用案例分析法，从应用型建设基本情况、校院两级权力配置、二级学院内部权力配置、社会力量参与二级学院内部治理等方面探析应用型大学二级学院内部治理的实际情况。

一、案例学校选择及调研过程

（一）案例学校选择

2015 年 10 月，教育部等部门印发《转型指导意见》后，已有 13 省（市）出台方案，确定了 181 所高校完全转型为应用型大学或部分专业进行转型。在选取全国各地具有代表性的 41 所向应用型大学转型的本科高校章程并进行文本分析的基础上，再选取 3 所整体性向应用型大学转型的本科高校作为主要案例学校，包括 2 所公办本科高校和 1 所民办本科高校，即 A 学校、B 学校、C 学校，这 3 所本科高校的应用型建设力度都较大，取得的成效也都比较明显。次要案例学校选择也有一定的代表性，都是比较重视应用型建设的高校，包括 4 所公办应用型建设高校和 4 所民办应用型建设高校。

（二）调研过程

1. 调研设计说明

在确定主要案例学校和次要案例学校之后，笔者对主要案例学校通过实地面对面或视频电话深度访谈（访谈提纲详见附录 2）的方式进行调研，在对次要案例学校访谈时，也采用了对主要案例学校访谈时所用的访谈提纲，只是对访谈提纲的问题作了适当选择和整合。在 3 所主要案例学校中，对 A 学校直接通过面对面、一对一的方式进行深度访谈，同时也根据访谈掌握的实际情况，选取需要进一步了解的对象，召开座谈会就某一主题进行深入研讨，在研讨会上适时做好研讨内容引导，及时记录研讨成果；对其他两所高校的调研，前期进行了充分沟通和联络，取得了两所高校的领导和专家的大力支持，其中一所公办本科高校取得了该校专门从事院校研究专家的大力支持，另外一所民办本科高校还取得了该校董事长、校长的大力支持，因此保证了整个调研过程顺利进行。由于一些客观情况，没有前往部分目标高校进行实地考察和面谈，主要是通过先进行开放式问卷调查，通过问卷调查掌握该校二级学院内部治理基本情况之后，再通过视频电话访谈的方式进行调研。访谈对象包括校级领导，二级学院院长、书记以及其他院领导，未担任领导职务的学术委员会成员，普通教师和职员，学生，校企合作企业负责人等，覆盖范围较广，较好地满足了访谈要求。由于访谈内容和各高校具体情况的差异，受访者接受访谈的时间并不完全一致，多数在 50~60 分钟，短的 20 多分钟，最长的近 2 小时。调研不仅了解目标高校二级学院内部治理，还深入了解受访者对二级学院发展及其内部治理的认知、感受、态度、看法、诉求等。次要案例学校的调研，为了便于进行比较研究，既包括公办本科高校，也包括民办本科高校，次要案例学校基本上都是笔者攻读博士的同学所工作的高校。笔者的同学在这些次要案例学校基本上都是担任二级学院的院长或书记，有些还是校领导或校职能部门的负责人，他们对本校的应用型大学建设情况相对比较熟悉，有的还是直接负责推动应用型大学建设工作，因此主要通过访谈的方式进行调研，同时结合平时一起在厦门大学读博期间的工作学习交流进行调研。

2. 受访者的基本情况

在整个访谈过程中，共有 100 人接受了访谈，其中面谈 62 人、电话访谈 38 人，不包括接受咨询的专家学者，面谈对象主要是笔者所工作高校的受访人员，也包括一起学习和参加学术会议的其他高校相关人员，其余人员基本通过电话访谈的形式进行。100 名受访人员中，主要案例学校 72 人，次要案例学校 28 人。为便于统计，按照受访者的身份，将接受访谈的 100 位受访者分为 7 类：校领导、职能部门领导、二级学院领导、未担任领导职务的二级学院学术委员会成员、教职工、学生、校企合作企业负责人。受访者基本情况见表 4-5。

表 4-5 受访者的基本情况

高校数（所）	样本数（个）	校领导（人）	职能部门领导（人）	二级学院领导（人）	二级学院学术委员会成员（人）	教职工（人）	学生（人）	校企合作企业负责人（人）
11	100	13	17	26	13	14	12	5

注：表中的二级学院学术委员会成员均未担任领导职务。
资料来源：自制。

根据研究的需要，笔者按照受访者所在的高校将受访者分为两类：主要案例学校的受访者；次要案例学校的受访者。

主要案例学校的受访者是指最终被确定为本研究的主要案例学校（即本研究中的 3 所案例学校）的受访人员。这些受访人员共 72 人，接受了当面访谈的有 50 人、电话访谈 22 人。A 学校的受访者有 40 人，具体包括：校领导 3 人，机关职能部门负责人 8 人，二级学院领导 9 人，未担任领导职务的二级学院学术委员成员 4 人，教职工 7 人，学生 5 人，校企合作企业负责人 4 人。B 学校受访者有 18 人，具体包括：校领导 2 人，机关职能部门负责人 2 人，二级学院领导 7 人，未担任领导职务的二级学院学术委员成员 2 人，教职工 2 人，学生 2 人，校企合作企业负责人 1 人。C 学校受访者有 14 人，具体包括：校领导 2 人，机关职能部门负责人 2 人，二级学院领导 4 人，未担任领导职务的二级学院学术委员成员 2 人，教职工 2 人，学生 2 人。主要案例学校受访者的基本情况见表 4-6。

表 4-6　主要案例学校受访者的基本情况

高校	样本数（个）	校领导（人）	职能部门领导(人)	二级学院领导（人）	二级学院学术委员会成员（人）	教职工（人）	学生（人）	校企合作企业负责人（人）
A	40	3	8	9	4	7	5	4
B	18	2	2	7	2	2	2	1
C	14	2	2	4	2	2	2	0
合计	72	7	12	20	8	11	9	5

注：表中的二级学院学术委员会成员均未担任领导职务。
资料来源：自制。

次要案例学校的受访者是指除 3 所主要案例学校之外，其余接受笔者实地调研的应用型大学 28 名受访人员。他们分布在 8 所案例学校。次要案例学校受访者的基本情况见表 4-7。

表 4-7　次要案例学校受访者的基本情况

高校数（所）	样本数（个）	校领导（人）	职能部门领导（人）	二级学院领导（人）	二级学院学术委员会成员（人）	教职工（人）	学生（人）
8	28	6	5	7	4	3	3

注：表中的二级学院学术委员会成员均未担任领导职务。
资料来源：自制。

为了准确、便捷地识别及记录，笔者将同一所高校的受访者按照受访时间的先后顺序进行排列，同时列出了受访者身份，见表 4-8 和表 4-9。

表 4-8　主要案例学校及受访者信息与代码

序号	高校	样本数（人）	受访者身份	受访时间
1	A	40	校领导	20211024
2			校领导	20211024
3			校领导	20211024
4			发展规划处负责人	20211025
5			教务处负责人	20211025
6			人事处负责人	20211025

续表

序号	高校	样本数（人）	受访者身份	受访时间
7			资产设备处负责人	20211025
8			研究生处负责人	20211026
9			人文社科处负责人	20211026
10			财务处负责人	20211026
11			党务部门负责人	20211023
12			二级学院院领导	20211012
13			二级学院院领导	20211012
14			二级学院院领导	20211012
15			二级学院院领导	20211012
16			二级学院院领导	20211013
17			二级学院院领导	20211013
18			二级学院院领导	20211011
19			二级学院院领导	20211011
20			二级学院院领导	20211011
21			二级学院学术委员会成员	20211013
22			二级学院学术委员会成员	20211013
23			二级学院学术委员会成员	20211014
24			二级学院学术委员会成员	20211014
25			二级学院办公室主任	20211010
26			二级学院工会主席	20211010
27			教职工	20211014
28			教职工	20211015
29			教职工	20211015
30			教职工	20211015
31			教职工	20211015
32			学生	20211016
33			学生	20211009
34			学生	20211009
35			学生	20211008
36			学生	20211008
37			校企合作企业负责人	20211027
38			校企合作企业负责人	20211027
39			校企合作企业负责人	20211027
40			校企合作企业负责人	20211027

续表

序号	高校	样本数（人）	受访者身份	受访时间
41	B	18	校领导	20211028
42			校领导	20211028
43			高教研究所负责人	20211028
44			教务处负责人	20211029
45			二级学院院领导	20211029
46			二级学院院领导	20211029
47			二级学院院领导	20211030
48			二级学院院领导	20211030
49			二级学院院领导	20211030
50			二级学院院领导	20211106
51			二级学院院领导	20211106
52			二级学院学术委员会成员	20211106
53			二级学院学术委员会成员	20211106
54			教职工	20211101
55			教职工	20211101
56			学生	20211101
57			学生	20211102
58			校企合作企业负责人	20211102
59	C	14	校领导	20211028
60			校领导	20211028
61			人事处负责人	20211028
62			教务处负责人	20211029
63			二级学院院领导	20211104
64			二级学院院领导	20211104
65			二级学院院领导	20211104
66			二级学院院领导	20211104
67			二级学院学术委员会成员	20211105
68			二级学院学术委员会成员	20211105
69			教职工	20211105
70			教职工	20211105
71			学生	20211103
72			学生	20211103

注：表中的负责人包括正职负责人和主持工作的副职负责人，二级学院学术委员会成员均未担任领导职务。受访时间是指初次访谈时间，不包括后续的通信咨询或补充访谈时间。

资料来源：自制。

表 4-9　次要案例学校及受访者信息与代码

序号	高校	样本数（人）	受访者身份	受访时间
1	1	6	校领导	20210910
2			发展规划处负责人	20210910
3			二级学院院领导	20210911
4			二级学院学术委员会成员	20210911
5			教职工	20210912
6			学生	20210912
7	2	6	校领导	20210815
8			教务处负责人	20210812
9			二级学院院领导	20210816
10			二级学院学术委员会成员	20210716
11			教职工	20210726
12			学生	20210726
13	3	6	校领导	20210610
14			人事处负责人	20210610
15			二级学院院领导	20210610
16			二级学院学术委员会成员	20210611
17			教职工	20210611
18			学生	20210611
19	4	2	二级学院院长	20210605
20			二级学院党委（党总支）书记	20210605
21	5	2	科研处处长	20210605
22			二级学院学术委员会成员	20210606
23	6	2	常务副校长	20210606
24			二级学院院长	20210606
25	7	2	校领导	20210607
26			高教研究所所长	20210607
27	8	2	校领导	20210607
28			人文学部主任	20210607

注：表中的负责人包括正职负责人和主持工作的副职负责人，二级学院学术委员会成员均未担任领导职务。受访时间是指初次访谈时间，不包括后续的通讯咨询或补充访谈时间。

资料来源：自制。

3. 资料分析

在访谈过程中，无论是当面访谈，还是电话访谈，一般都是在征得受访者同意之后进行录音，同时也将主要内容用笔记录在纸上。一天访谈结束之后，一般都是在晚上整理当天的访谈内容，首先将访谈的录音文件转化为文字，由于使用录音转化软件涉及识别率的问题，对一些识别不正确的内容还要通过再次听录音进行修正，及时将当天整理出来的内容按照访谈提纲进行归类。一所学校访谈结束之后，根据访谈提纲归类的内容，先进行横向内容分析，提炼出共性的内容和个性的方面，由此来确定访谈饱和度，对于一些还没有达到访谈饱和度的学校，第二天再确定访谈对象进行补充访谈。横向内容达到饱和之后，再进行纵向分析，主要分析分块内容相互之间的关联性，找出该校的特点，然后再对相关内容进行去粗存精、去伪存真，整理成正式文档。

本研究对文本资料的分析主要应用三级编码法（三次编码法）[①]。第一步是熟悉文本资料，根据研究目的和概念框架抽取相关文本。第二步是对文本资料进行拆分、整合与归纳，从整体上把握文本资料，进而对相似观点进行整合，归纳出本研究下属的不同小主题。第三步是根据不同的小主题，对相关资料进行整合与抽象，对文本呈现的结果进行深层次解读，揭示应用型大学二级学院内部治理结构及运行情况、存在的问题及原因等。

4. 研究可靠性

质性研究重视对客观现实的理解和阐释，不太拘泥于量化研究的信效度标准，但也存在不可避免的主观性，研究结论会面临失真的质疑，因此，本研究尽可能详细记录和说明研究过程，主要采取以下措施来提高研究的可信度及推广性。

（1）从不同来源收集资料，以实现三角互证[②]。本研究既对 3 所主要案例学校的校领导、职能部门领导、二级学院领导等进行访谈，也对未担任领导职务的二级学院学术委员会成员、教职工、学生进行访谈，还对一些熟悉学校情况的校企合作企业负责人进行访谈，尽可能地通过多种不同的途径收集资料，以实现三角互证，通过不同的受访者、多元的视角印证资料的准确性。同时，本研究另外还调研了 8 所应用型大学，包括 4 所公办应用型大学和 4 所民办应用型大学，获得

---

① 刘良华，2014. 教育研究方法(第 2 版)[M]. 上海:华东师范大学出版社，110-117.

② 何江穗认为，“三角互证”主要是指运用多元方法，采取多样的理论视角，从不同来源、不同的研究者收集资料，以确保效度或可信度。参见：[美]凯瑟琳・马歇尔，格雷琴・罗斯曼，2015. 设计质性研究：有效研究计划的全程指导（第 5 版）[M]. 何江穗，译. 重庆:重庆大学出版社，47.

了丰富的事实数据和关键信息，能进一步证实访谈资料的可信度，有效提高了研究的信度。

（2）收集一手资料，并力求访谈资料的准确性。本研究在收集文本资料的时候，基于笔者长期在应用型大学二级学院管理岗位工作的身份，以及所供职学校的支持，使笔者能够掌握一手资料。本研究在开展访谈的过程中，以同行交流或在职博士研究生的身份，根据不同的访谈对象，进行针对性地深入访谈，从而获得了关于应用型大学办学和发展的比较详尽的一手资料。另外，为提高访谈的针对性和有效，在访谈之前，笔者先初步了解调研学校的基本情况，准备访谈提纲，向调研学校发调研函，并就访谈对象的人选等与调研学校进行了沟通。为使受访者畅所欲言，笔者对受访者采取单独访谈且不录音的方式，以及承诺访谈仅用于研究且不泄露受访者姓名。

（3）加强研究过程反思，并遵循研究伦理要求。笔者坚持将自身反思贯穿于整个研究过程之中，时刻提醒自己要保持研究者的中立立场，避免先入为主而影响研究的客观性，最大限度地减轻“前见”对研究的影响。在研究过程中，除了与博士生导师汇报交流涉及本研究的设计、调研过程、调研结果、初步研究发现以及研究中遇到的问题、困惑或难题等之外，笔者还经常通过同门每周五晚上的学术沙龙进行汇报展示，向同门同学请教，获得不少有价值的建议、意见。本研究涉及的部分问题可能比较敏感，笔者对涉及伦理道德的问题进行了慎重处理。笔者充分尊重受访者对访谈的知情权，事先主动向受访者说明访谈目的、内容以及获取资料的用途等情况。开展访谈时，事先征得对方同意后才进行录音，并尊重受访者要求中途退出录音的权利。本研究需要公开使用的资料都征得了受访者的同意。

二、A 学校二级学院内部治理

（一）应用型建设基本情况

A 学校的未来发展目标是建成特色鲜明的高水平应用型大学。围绕应用型大学建设，A 学校开展了如下工作：

（1）完善顶层设计，进一步确立应用型的办学定位和发展战略。紧紧围绕建成高水平应用性大学目标，A 学校进一步转变办学理念，统一思想认识，全面树立强化重能力培养的理念，以社会需求和市场为导向，深化教育教学改革，加强应用型建设、人才培养机制创新，学校应用型的办学定位和人才培养目标得到进一步明确。紧密对接全省重点产业发展导向和S市战略性新兴产业优先发展、传统优势产业转型升级要求，结合学校的学科优势特色，以学科、专业人才培养与经济社会发展的契合度为基本标准，逐步确立“现代商贸、智能制造、文化与创意、新材料、新技术、生命健康、教师教育”等若干应用型学科和专业群为学校应用型建设的主要发展方向和办学特色，全力推进应用型建设工作。

（2）坚持开放办学，创新应用型建设的体制机制。以促进产教融合、校地合作、校企合作为重点，创新开放办学机制，营造多元化、现代化、开放性校园文化氛围。围绕“创新驱动”战略，强化政产学研的长效合作，释放高校创新能量，提高服务地方经济社会创新发展的能力。探索订单培养、人才柔性共享和共建实习基地等多元化合作方式，在学科专业建设和人才培养方案制定过程中，引导社会和行业企业参与。围绕地方产业结构和产业布局，进一步优化学科与专业布局，完善产教融合体制机制。

（3）围绕应用型人才培养目标，大力推进人才培养模式改革。围绕应用导向，强化知识应用、实践动手和创新创业等能力培养的要求，大力推进应用型人才培养模式改革，全面实施模块化的课程体系，不断提高课程体系的效率；积极推进综合性课程教学模式创新，不断提高课程教学的效率；加强实验实践教学平台体系建设，提高实践教学的效率。创新人才培养模式，构建复合型、应用型的多元化人才培养体系；创新和完善创业教育体系，提升学生创新创业意识和能力。

（4）不断完善体制机制，为学校推进应用型建设夯实组织和机制保障。在组织保障上，加强顶层设计，系统规划，全面协调。学校成立了由学校党委书记和校长为组长、相关职能部门负责人为成员的领导小组，认真落实应用型建设和人才培养各项工作。在体制机制上，学校进一步完善了以促进应用型人才培养为导向的协同机制，调动各方积极性和主动性，激发教职工投身应用型建设。建立合力育人机制，把应用型建设和人才培养工作作为教师的第一责任和行为自觉；深化招生制度改革，探索有利于应用型人才培养的招生机制；创新学生教育管理机制，改革学生综合评价标准，以全面推进学生公寓管理书院制改革为抓手，促进第一课堂与第二课堂的有机融合；建立校内资源共享机制，实行所有课程都向校内其他专业、学院开放。构建产学研协同体系，探索“企学协同”的研究生培养机制，实现“学科—专业—产业—人才”的互动发展；建立科教互动机制，促进科学研究与应用型人才培养的有机结合，努力形成科研与教学互动的稳定机制；改革教师职称评定办法，对社会服务和教学业绩优秀的教师进行政策倾斜。

（二）校院两级权力配置

（1）学校将办学自主权逐步下放给二级学院。学校出台了相关文件，明晰二级学院主要职权，二级学院在学校的统一领导和指导下，全面负责学院的日常管理工作，对办学过程负主要责任，拥有相关决策权，对学院人、财、物和信息等办学资源进行配置和使用，形成自我调节、完善、发展的良性运行机制。

①进一步完善二级学院办学自主权，在学术管理和人才培养方面给予更多的自主权。在学科建设上，二级学院拥有学科建设经费的合理使用权和院级重点学科的决定权；负责校级重点学科及专业和硕士点申报的前期调研、材料送审及学院学术委员会审查；负责学科带头人、骨干人才的培养和学术梯队建设；实施学科建设各类项目的具体工作；督查本院创新团队的建设和管理，负责本院研究生的招生和管理；完成学校布置的其他各项学科建设工作。在教学管理上，全面实施学院教学和教学改革工作；根据学校专业建设的指导意见，组织制定学院各专业的培养计划、教学大纲和其他教学文件；深化教学改革创新，组织实施教学研究和教学改革；对教学过程进行管理和质量监控；负责学院学生选课工作、组织管理所开课程考核；负责学生学籍管理的具体工作；做好学院教学资料的收集、档案整理、信息管理和统计等工作；完成学校布置的其他各项本科、专科教学工作。在科研管理上，制定科研发展规划和计划；科研团队和研究梯队建设；中小型横向科研项目的争取、协调及管理工作；学院学术交流活动；协助学校做好纵向计划项目申报与争取、在研纵向项目与大型横向项目跟踪管理和跨学科、跨学院横向项目组织协调等工作；学院科研成果申报、鉴定以及成果报奖和成果推广工作等。在学生管理上，制订并实施年度学生工作计划；负责学院学风建设、学生思政工作和日常教育管理与服务；协助做好招生、就业和学生资助管理具体工作；负责学生评奖评优、违纪学生处分的具体工作；负责学院共青团、学生会及社团工作；负责校园文化活动、学生科技和社会实践活动；负责安全稳定工作；完成学校布置的其他各项学生工作。

②学校将更多的人、财、物的权力下放给二级学院。在人事管理上，制定学院教职工队伍建设规划并组织实施，拥有人才引进和人员调动的建议权与决策过程的参与权，在学校核定的编制和相关指标内拥有各类人员岗位聘任权和校级评优评先权；推荐与评议教职工的专业技术职务定级、晋升及相关工作等。在科级机构设置及干部聘任上，按照学校有关文件，设置有关机构、聘任干部，拥有业务干部聘任权（报组织部备案），行政干部由学院和组织部共同聘任。在财务工作

上，根据财务管理“一级核算、两级管理、自主理财”的原则，拥有对学校下拨切块经费的使用管理权；负责把所有收入（包括学校拨款和学院其他所有收入）全部纳入年度预算报学校（计财处），所有经费收支均通过学校会计结算中心统一核算；负责编制学院年度经费预案，根据学校相关政策制定并实施学院分配办法，并在党政联席会议和二级教代会通过后执行；严格按照国家、省市关于事业单位经费支出的相关政策，执行学校相关规定，合理使用经费。在资产管理上，根据学校大型教学、科研设备总量和购置的总体规划，负责编制学院设备购置申报计划，并按照有关法规与政策要求和学校审定计划组织实施；负责对学校核定的校舍、设施、设备等办学资源组织建设与维护；负责相关办学资源的管理，并积极开展办学资源的开放与共享，不断提高资源的完好率和使用效率；制定并完善学院设施设备的管理制度，进一步加强设施设备制度化管理。在实验室管理上，制定学院实验室发展规划；负责各类专项实验室建设的具体工作和省部级重点实验室、省级实验教学示范中心等申报；完成实验教学任务和开展实验教学改革；负责学院实验设备和行政办公设备的维护、保养，尽力保证仪器设备的保值增值；在遵守学校设备采购制度下，落实实验室小额设备的更新；完成学校布置的其他各项实验室建设工作。

（2）学校进一步明晰校院两级的职权。为进一步落实校院两级管理体制改革，深入推进特色鲜明的高水平应用型大学建设，A 学校出台了有关文件。按照建设现代大学制度的要求，以校院两级责权利划分为核心，统筹学校各项资源，确定学校和学院两个管理主体。学校在把控宏观方向的基础上，将一定的管理权限下移，由职能部门统筹指导监督，学院具体落实办学，切实提升治理水平。学校重大问题由党委集体讨论决定。在学校党委领导下，校长全面负责教学、科研、行政管理工作。二级学院作为学校的二级组织，是重要的办学实体，是教学科研、人才培养、服务社会的具体实施单位，有一定程度的办学自主权。学校将管理重心适度下放，秉着突出学院的原则，下放“人、财、物、事”权，增强学院的办学自主权，引导学院做实、做强、做特。学院依托系部及其他教学科研基层组织，完善内部治理，夯实管理基础，激发办学活力、内生动力和发展潜力。学校引导学院科学定位、各安其位、分类统筹发展，充分尊重学院的办学自主权。学院结合自身的发展实际和特点，整合资源，优化配置，突出重点，有所作为，实现特色发展。学校对学院实行目标责任制管理，坚持目标导向，注重工作实绩。学院根据学校要求，结合学院自身实际制定自身目标任务和责任清单，报学校审批后实施。学校实行量化考核并按照多劳多得、优劳优酬、鼓励竞争、兼顾公平的资源配置机制，对学院基本办学资源实行政策供给和合理配置，对事关学校发展水平的标志性项目或成果进行统筹管理。学院建立相应的绩效考核办法和激励机制，提高教职工投身事业发展的积极性，并通过提升办学绩效来获取学校更多的竞争性资源。

（3）学校进一步完善校院两级管理体制。理顺学校与二级学院（以下简称学院）的责权利关系，使学院真正成为相对独立、充满生机和活力的办学实体，加快推进特色鲜明的高水平应用型大学建设。A 学校以责权利划分为核心，优化人、财、物等要素资源配置，扎实提高二级学院管理水平和办学效益。

①人事管理权：按照“以人为本、精简高效、人尽其才、人尽其用”原则，合理配置人力资源，健全“竞争、激励、约束、淘汰”机制。

②财务管理权：按照“一级预算、两级管理、公开透明、自主理财”原则，日常办学经费依据学院发展指标落实划拨，竞争性经费通过竞争获得。

③资产配置权：按照“标准配置、杠杆调控、资源共享、物尽其用”原则，进行标准化配置，综合运用经济杠杆等政策手段进行调节，实现资源共享，做到物尽其用，提高使用效益。

④事项管理权：按照“关系明晰、职责明确、权限规范、管理严格”原则，通过清单管理模式，限定校院两级权力边界，明确学院职责范围，规范权力运行。

（三）二级学院内部行政权力、学术权力、民主权利情况

（1）行政权力。A 学校出台有关文件规定，学院行政部门负责本单位教学科研等业务工作，管理学院各项经费，配合党委会（党总支）共同负责落实师生的思想政治教育和德育工作。党政联席会议是二级学院主要决策机构，凡涉及未来重大规划、重要改革发展举措、学科和专业建设、师资队伍、人事调配、干部工作、年度经费预算等学院重大事项，党委（党总支）书记、院长应在充分沟通酝酿后，提交党政联席会议集体研究决定。以院长为代表的行政部门负责教学科研等业务工作，行政权力发挥主导作用。A 学校二级学院是具体的办学主体，承担教学科研、人才培养、服务社会等基本职能，学校设置一定数量的二级学院，并适当给予二级学院一定自主权独立运行。学院行政部门的主要职责：编制实施学院发展规划和工作计划；拟定组织机构设置方案；负责学院师资队伍建设，包括人才引进、师资培养、教职工业绩考评与奖惩等；负责学院的学科与专业建设，制订培养方案和教学计划；做好人才培养、学生课堂教学、考试测试、实验实训、实习见习、学科竞赛、科学研究和专业思想教育等；提出学院招生计划建议，做

好就业工作；负责学院学术研究和科技开发工作，制定和组织实施科研发展规划；开展学院对外交流、合作办学；做好学院安全稳定工作；负责学院财务管理和资产调配；行使学校赋予的其他职权。学院行政部门的主要负责人是院长，负责教学科研、学科专业建设、行政等全面事务，每年定期向教代会报告工作。

党政共同负责制是学院的基本管理体制，党政联席会议是学院决策的主要机构。党政联席会议的主要议事范围：传达上级和学校的重要文件、会议精神及各项决定，研究贯彻实施的办法和措施；本学院发展规划、年度工作计划和总结；教学、科研、行政管理等工作的重大改革方案；提出学科组织、实验室等的设置与调整建议；下属部门负责人的聘任、免职建议，教职工的考核、聘任、职务晋升及奖惩等事项；公派出国留学，人员的引进调出，业务骨干的选拔、培养等人事管理事项；年度经费预算、招生计划、就业工作等事项；审议内部绩效考核办法及分配细则；其他重大事项。院长、书记、副院长、副书记是学院党政联席会议的组成人员。主持人由会议议题决定，涉及党委工作事项的议题由书记主持，涉及行政方面的议题由院长主持，若议题有交叉，则由院长、书记商定主持人。从 A 学校的章程中可以看出，以院长为代表的行政人员负责教学科研、学科专业建设、行政等全面事务，党政联席会议仍然是主要决策机构，行政权力进一步强化；A 学校明确二级学院实行党政共同负责制，完善决策、咨询、运行、监督制度，建立健全内控体系；明确二级学院是学校党委领导下的二级管理组织，具体负责教学科研、人才培养、服务地方等事项，在依法依规的前提下，相对独立地自主运行。A 学校这些规定进一步明确了党政联席会议的决策权威，同时也强调进一步下放权力，提高二级学院的办学自主权。

（2）学术权力。A 学校的章程以及不同时期出台的制度规定中，都明确了在二级学院层面设置学术委员会，作为学院学术事务的咨询、评议、决策机构，受学校学术委员会领导和指导，按学校相关规程履行职责。学院学术委员会的主要职责：审议学院学科、教学、科研、人才队伍等重要事项；听取学院学科组织负责人关于本年度工作计划、工作总结的报告；负责学院学术水平和成果评定；负责学院学位和学术荣誉授予；负责学院学风和学术道德建设有关工作。学院学术委员会组成人员不少于 7 人，成员由学院院长、学科组织负责人、高级职称学术人员代表组成。学院学术委员会主任由学院院长担任。

（3）民主权利。A 学校出台的有关文件中提出要完善二级教代会制度。进一步建立健全民主、科学、有效的学院民主管理机制。所有涉及本单位的重大事项和涉及教师切身利益的事项，都应经二级教代会审议通过；进一步推进院务公开，全面实行“阳光工程”。二级学院党组织要加强对二级教代会的领导和指导，保证二级教代会发挥其应有的民主监督和参与的权利。A 学校的章程中规定，学院实行二级教代会制度，对二级教代会的职责进行了明确。二级教代会的主要职责：审议学院未来重大发展规划、涉及学院重大改革和重要事项的报告；讨论通过学院的分配、福利方案；审议与学院教职工切身利益相关的规章制度；审议学院工作报告和经费预决算报告；党政联席会议提交的需要教代会审议和通过的事项。A 学校出台的有关文件中提出，在原来二级教代会的基础上，建立学代会制度。A 学校出台的一系列制度，对二级教代会的制度以及相关职责进行了明确，同时也提出建立学代会制度。

（四）社会力量参与二级学院内部治理

（1）政府对学校全面融入地方经济社会发展提出要求。为更好地担负起高校服务创新驱动发展战略的重大责任和使命，有效服务所在城市经济转型升级和发展方式转变，扎实推进“全面融入地方，服务区域发展”战略，着力构建“融入地方、服务地方、贡献地方”的长效机制，A 学校发布了有关文件，贯穿于学校发展方方面面，深入推进与地方政府、行业企业深度融合，积极探索建立适应不同需求、形式多样的协作创新模式。建立“优势互补、互惠共赢、长期合作、共同发展”的政产学研全面合作关系，结成政产学研合作战略联盟。围绕所在城市推进创新型城市建设的总体部署，在创建大学生创业基地的基础上，参与所在城市大学科技园建设，为科技成果转化、高新技术企业孵化、创新创业人才培养提供平台和服务机构。探索与所在城市下属 6 个县市区全面合作的方式和路径。积极主动参与所在城市健康产业发展，与市残联合作，共建所在城市康复医院，并在此基础上做大做强康复学科。依托学校资源，推进政府、企业、高校利益共享、紧密结合、联合共建的运作机制，探索走出一条国际化办学的新路子，为地方培养更多产业发展亟须的应用型人才。密切联系所在城市教育主管部门、基层教育单位、科研院所和规模以上企业，采取如投资、入股、成果转让、联合研究、技术服务等灵活多样的形式，努力寻求合作，不断扩大区域教育服务成果。成立了学校服务地方工作领导小组，由学校主要领导担任组长，办公室设在地方合作处，由其负责牵头，会同党委（校长）办公室、发展规划处、科研处、学科建设处、人事处等相关部门，相互配合，密切协作。要求各二级学院在学校党委、行政部门的统一领导下，提出本学院实施的细化方案和举措，明确责任人，加强领导，合力推进。

（2）学校积极引入社会力量参与其内部治理。A 学校的章程中规定，学校设立理事会，为办学咨询机构。理事会由举办者、管理者、资助学校办学的理事单位、著名校友、社会贤达、校外著名专家以及学校领导和师生代表组成，由学校提名设立理事长一名，副理事长若干名。理事会的主要职责是就学校重大发展规划、目标、任务等提供咨询建议，为学校筹措资源资金，开展对外联络服务等提供参考意见。理事会按章运行，定期召开会议研讨具体事务。理事会每届任期一般为 5 年。

（3）社会力量参与二级学院内部治理取得一定成效。A 学校在深化应用型建设过程中，不少二级学院结合各自实际，积极引入外部社会力量，形式多元，或合作办学，通过校企共建平台、共设专业、共同开发课程，或合作建立产业学院、科研机构、开展联合攻关，都取得了一些成效，如纺织服装学院围绕所在城市纺织产业，成立由行业、企业参加的纺织服装产业联盟和理事会，并成立服装与创意设计产业学院；机械与电气学院为所在城市机械行业协会秘书长单位，还在所在城市各个县市区设立机电研究院，并成立机械电气行业联盟和智能机器人学院，实现产教科教融合和地方服务一体化发展；商学院建立跨境电商产业学院，数理信息学院建立微电子产业学院，积极探索与行业、企业的合作。总体而言，几乎每个二级学院都能结合学科专业特色，主动与地方产业、行业企业、政府部门、社会各界开展共建合作，引入社会力量参与二级学院内部治理，实行开放办学。学校逐渐在开放办大学，如商学院已经建立了实务导师制度，尤其是研究生方面，已经有 30 多位校外的兼职硕士研究生导师参与研究生的培养。还有龙山讲堂和稽山会计论坛，聘请、邀请一些实务界的专家、业界精英来举办讲座，以此来影响学生，开拓视野，使师生更加了解经济社会发展的现状。还有业界精英进课堂，邀请一些业界精英走到学生中，参与某些课程的讲解。现在也在逐渐考虑整合校友资源，发挥校友的作用。

三、B 学校二级学院内部治理

（一）应用型建设基本情况

（1）应用型办学定位明确。B 学校是一所公办普通本科高校，该校围绕地方经济社会发展，坚持校地互动发展、校企合作的办学思路，着力培养高素质应用型人才，形成了以理工为主、多学科协调发展的办学格局。该校设有 14 个二级学院（部），49 个本科专业，面向全国 21 个省招生，现有普通全日制本科生近 2 万人。该校以“办好一流应用型本科教育，培养一流应用型本科人才”为目标，坚持“强化内涵、树立品牌、培育特色”，以品牌专业建设为引领，以专业认证为抓手，以产教融合为路径，探索基于现代产业学院建设的跨学科、跨专业的复合型应用型人才培养模式改革。学校不断加强校地合作，服务于区域社会经济发展，积极推进与政府、行业、企业的良性互动，在输送应用型本科人才、服务地方产业转型升级、服务企业创新发展、促进科技成果转化等方面取得了长足的发展。

（2）积极主动服务地方经济社会发展。①校企合作优化人才培养方案制定。引入行业标准，重构课程体系，促进专业教育与职业教育有效融合。在相关专业中实现 4 年一体化设计和校企共同培养。探索引入“课程嵌入”“工作室模式”等多种形式，借助外部力量开展合作教育。②推进专业与产业协同发展，与企业深度合作建立现代产业学院。学校建立了校地互动领导小组、合作教育委员会，设置了合作与发展处等机构，服务教学改革。学校依托长三角区域产业优势，与骨干企业合作，成立了多个产业学院，设立了新能源科学与工程专业、计算机科学与技术专业、软件工程专业、物联网工程专业等。与部分行业企业及协会共建实验实训基地、合作开发课程与教材。③大力推进师资转型，提升实践教学能力。学校实施百名教师下企业、百名企业家进校园的“双百工程”，调整工程教育教师的评聘和考核办法。建立教师发展中心，开展教师教学能力校本培训。学校通过软平台建设，加强与地方人才部门的直接联系，预留专门的编制，用于聘任业界技术骨干及海外“双师型”教师担任兼职教师；通过硬平台，聘用具有现场业界经验的高级工程师和企业高级技师、高级技工等高技能人才，充实实验实训队伍，柔性使用。此外，实施“教师国际化工程”，促进教师转型发展。

（3）形成了“注重学理、亲近业界”的应用型人才培养模式。2021 年以来，B 学校加大与地方政府的校地合作力度，明确在“十四五”期间聚焦声学、新能源汽车、服装电商三大产业，汇聚创新型人才，服务地方经济社会发展。①与所在城市经开区合作，战略布局声学产业；②与所在城市高新区（大学科技园）合作，赋能提升新能源汽车产业；③与所在城市服装城管委会合作，加速发展服装与电商产业。校地双方将围绕上述三大领域创新发展的人才需求，不断深化与国内外知名高校合作，着力引进和培养高水平应用型创新人才，开展高水平应用创新研究，促进科技成果高效率转化应用，加快推进研究生教育体系规划，更好实现教育、人才、创新、产业深度融合。近几年，B 学校围绕应用型大学建设的目标要求，加快转型“应用型大学”的发展道路，明确校地互动和校企合作作为战略路径，形成了“注重学理、亲近业界”的应用型人才培养模式。

（二）校院两级权力配置

在校院两级权力配置上，B 学校自 2004 年升格为本科院校，特别是成为国家“十三五”应用型本科产教融合发展工程项目建设高校以来，注重对二级学院的权力资源下放和业绩考核，以建设应用型大学为导向，优化权力资源配置。B 学校章程显示，该校实行党委领导下的校长负责制，突出党委领导，抓实校长负责，依托教授治学，重视民主管理。按照教授治学、群众参与、民主管理的原则，建立学术委员会、学位评定委员会和教职工代表大会。学校实行校院两级管理体制。

校党委是学校工作的领导核心，把方向、控大局、议大事，扎实履行党委职责，并全力支持校长独立行使行政权力。

校长作为法定代表人，受校党委领导，贯彻落实校党委决策部署，全面负责教学科研等行政工作。校长的主要职责包括拟定学校重大发展规划，组织教学科研、人才培养，落实学校资源、设备、经费等配置和预算，保障校园安全稳定和日常有序运转。

B 学校规定二级学院是学术单位，是隶属于学校的重要办学实体，在一定程度上实行自主管理，二级学院实行党政共同负责制。在学校的统一领导下，二级学院的职能主要包括：一是制定学院在建设发展中的各项事务规划，如教学科研、人才培养等；二是提出招生计划建议，负责学院学生的教育与管理。三是管理和使用学校核拨的办学资源。四是负责学院机构的设置和运行，制定工作规则和方法。五是按照干部管理权限推荐干部，负责学院内设机构负责人的聘任管理。

从以上校院二级权力配置来看，在学校宏观管理制度框架下，二级学院享有内部权力，并有相应的机构，从而确保二级学院获得一定的办学资源和自主权。随着应用型本科院校试点建设，校院两级管理的权力配置，逐步由学校职能部门向二级学院重心下移，将更多的办学资源、专业建设等授权给二级学院，特别是在应用型院校建设背景下，要求二级学院迅速捕捉人才市场对毕业生素质能力需求变化的最新信息，以此提高二级学院的办学主动性、积极性。同时，学校以制定二级学院业绩考核制度为抓手，推动二级学院加快向应用型人才培养转型发展，以此实现学校管理权力下放与业绩考核上收的并行齐驱。

B 学校制定了二级学院年度工作考核办法，依据激励导向、综合考核与分项考核相结合，以过程考核为主、定性和定量相结合的原则，围绕学校高质量发展过程中的中心任务和学校发展规划、阶段发展目标，以“反对平庸、追求卓越、负重奋进、勇于超越”的精神，制定工作目标。在考核上，既重视对二级学院各项工作的全面考核，更注重对二级学院党建与思想政治、教学、科研、学生工作等条线工作的分项考核，以此检验二级学院在实际工作中的工作绩效和学院领导的治理能力。同时，坚持以过程评价为主的原则，各职能部门与二级学院注重日常管理过程中数据的常态化采集与分析，常规工作通过平时量的数据积累实现对全局工作的总体评价，重点工作通过年度目标的实现进行评价。对二级学院党建与思想政治工作、师资队伍建设、教学工作、科研工作、学生工作等各项工作中可量化的核心指标主要考核量的增长，发挥年度考核对促进重点工作落实的导向作用。在对二级学院考核内容设计上，主要分为党建与思想政治工作、师资队伍建设、教学工作、科研工作、学生工作五个方面。表 4-10 描述了 B 学校二级学院工作年度考核的核心内容及结果运用。

表 4-10　B 学校二级学院工作年度考核制度

序号	制度名称	核心考核内容	结果运用
1	B学校二级学院党建与思想政治工作年度考核细则	二级学院党政共同负责制落实情况、思想政治工作、意识形态工作、基层党组织建设、党员发展及教育管理、凝聚力工程、二级教代会落实情况、党风廉政建设、统战工作、日常管理、创新特色工作、工作状态 12 个方面的考核内容及 29 个考核要点	（1）奖项设置：年度工作考核分单项考核和综合考核两个方面，单项考核按得分取前 5 名进行奖励，综合考核分为优秀、合格两个等级 （2）奖励额度：年度综合考核结果为优秀的二级学院，授予年度工作“先进单位”荣誉称号；单项考核分别奖励第一名 6 万元；第二名 5 万元;第三名 4 万元;第四名 3 万元；第五名 2 万元 （3）问责：连续 3 年年度考核总分列最后三名的学院，对其主要领导进行组织评议；连续 3 年年度条线单项考核总分列最后三名的学院，对其分管领导进行组织评议
2	B学校二级学院师资队伍建设工作年度考核细则	师资队伍建设，引进人才、人才项目、生师比、师资培养、柔性聘用、工作状态；突破加分，引进特殊高层次人才、高端人才工程项目	
3	B学校二级学院教学工作年度考核细则	二级学院教学工作开展情况，包括日常教学运行、教学建设与改革、实践教学与合作教育、教学国际合作与交流、专业建设与专业认证、教学质量监控、基层教学组织的实施情况 7 个一级指标	
4	B学校二级学院科研工作年度考核细则	二级学院科研工作开展情况，分为工作绩效和工作状态，其中工作绩效包括学科建设、科研创新平台（团队）、科研经费、科研成果、科技服务、科研项目 6 项一级指标;工作状态评价二级学院科研工作的爱岗敬业、工作积极性、精力投入程度等	
5	B学校二级学院学生工作年度考核细则	考核以二级学院为单位进行，分为学生管理工作、共青团工作、学生安全工作、学生体育工作、工作状态 5 项一级指标，25 项二级指标	

资料来源：自制。

在应用型大学建设背景下，二级学院作为办学主体，对市场有更强的敏感性和调适能力，进而快速地优化调整人才培养方案和课程体系，以适应社会对人才素质能力的需求。要调动二级学院的办学积极性、自主权，主动适应并调整自身的运行规则，一方面，需要学校给予更多的授权和资源，另一方面，对其内部治理能力也提出了更高的要求。B 学校作为国家应用型本科建设试点高校，具有较强的市场敏感性，在调整专业设置、产教融合等方面进行了积极的探索，形成了有效的改革模式。在校院两级权力配置中，二级学院有了一定程度的办学自主权，同时对二级学院内部治理也提出了更高的要求。

在校院两级管理体制下，二级学院是办学主体。随着学校权力下放和管理重心下移，一方面使二级学院的发展摆脱了部分制度体制约束，另一方面也对二级学院的内部治理能力提出了更高的要求，二级学院要能够承接得住学校下放的权力并将其运行好。

（三）二级学院内部行政权力、学术权力、民主权利情况

（1）院长全面负责本学院的行政工作，行使的是行政权力，依托载体是党政联席会议。副院长协助院长开展工作并对院长负责，院长定期向本院教职工代表大会报告工作。学院实行党政联席会议制度，学院各类重要、重大事项由学院党政联席会议研究决定。党委会研究决定有关党的建设、干部工作等；党委会会议对办学方向、队伍建设、师生员工切身利益等相关的重大事项先行把关后，再提交党政联席会议决定。

（2）在学术权力方面，B 学校二级学院建有学院学术委员会，邀请教授参与学院学科建设发展方向的把关和引领。B 学校教授行使学术权力的积极性高，侧重于应用型人才培养。近几年，不断调整学术委员会成员构成，增加普通老师成员数量。学术委员会在项目申报、成果认定等方面行使权力。

（3）二级学院民主权利的行使，主要通过群团工学等组织或途径。本研究调研的 B 学校二级学院都建有相应的组织，能正常开展民主参与、监督活动。为提高二级学院内部运行的沟通效率，B 学校建立二级学院领导联系制度。一是联系系部。院领导每学期至少两次到负责联系的系部开展调研和参加系部会议，了解系部工作状况，重点了解系部存在的问题和急需推进的工作，然后提交学院党政联席会议研究解决。二是联系班级和学生。联系一个班级：每学年参加 2~3 次班团活动或由辅导员（班主任）召集的班级情况分析会，分析班级学生的思想、学习情况，并一起探讨新形势下的班级管理模式和办法。联系两个学生：关心学生

的成长成才，做好个别学生工作，了解学生思想状态、学习、生活等情况，指导学生学业发展，为学生的成长成才提供指导和帮助。

在内部运行机制上，根据不同治理主体的特点，合理确定运行规则。党政联席会议一般每两周召开 1 次。根据议题内容，会议由党委书记或院长主持，成员为领导班子（党委书记、副书记、纪委书记或纪检委员，院长、副院长），必须有半数以上成员到会方可召开，对重大事项进行决策时必须有 2/3 以上成员到会。对党政联席会议拟研究的重要事项，会前应深入调研，视情况进行合法、合规性审查和风险评估。涉及教学科研、人才引进和学科建设中的重要事项，应充分听取各类专业委员会的意见。对关系师生切身利益的重要事项，应事前广泛听取教职工、学生的意见，可通过教代会、座谈会等方式。由党委会、党政联席会议决定的事项，分管领导或相关职能部门应不折不扣落实，学院办公室负责传达和督促检查协调落实，执行情况应当及时向党政联席会议汇报。学院建立有效的督查、评估和反馈机制，确保决策落实。

在学术权力、民主权利行使上，主要通过学术委员会、工会、团委、学生会等途径表达利益诉求，提出意见建议。在人才培养方案制定方面，调研了解学生的实际需求，邀请他们参加人才培养方案的制定、课程改革，发挥学生的民主权利。

（四）社会力量参与二级学院内部治理

应用型本科院校建设的突出特点就是要紧跟外部市场对人才素质能力的新需求，积极引入外部社会力量参与二级学院的内部治理，在思想理念更新、物质资源保障、资金提供等方面给二级学院支持。B 学校为推进应用型大学建设转型，与地方政府合作，签订“十四五”期间校企融合合作协议，服务地方经济社会发展需要。如汽车工程学院，设置了新能源汽车工程方向和智能网联方向，契合地方政府产业发展需求。当前，B 学校大力推动二级学院成立产业学院，把行业领域的优秀人才邀请进来、把学生送到优秀企业去实践学习。在人才培养方案制定、业界精英进课堂方面，二级学院积极邀请外部社会力量参与相关制度政策的制定。但在深层次上，外部社会力量融入二级学院内部治理，需要寻找一种对院企双方都有利的合作方式，探讨实质性入驻校园的社会力量参与模式，真正参与二级学院的重要决策。B 学校为外聘更多优秀人才给学生授课，制定出台了 B 学校外聘兼职教师管理办法，全面贯彻党的教育方针，坚持师德师风和业务能力双重考察，遵循“不求所有，但求所用；不求所在，但求所为”的原则，采用“户口不迁、关系不转、双向选择、合同管理”的灵活机制，聘任大量行业导师。学校要求根据学科专业发展的需要，在省重点建设学科、校级重点学科、硕士点培育学科、有望获得突破的新兴学科和应用学科上设置讲座教授、客座教授岗位；根据各学院教学安排的实际需要设置课程特聘教师岗位。外聘兼职教师分为讲座教授、客座教授和课程特聘教师。根据外聘教师的业务水平和研究能力，聘任至相应的岗位，并明确聘任年限和待遇，这为二级学院吸引社会力量参与内部治理提供了可行路径。

总之，B 学校以应用型本科建设试点为契机和发展方向，在产业学院建设、二级学院内部治理结构运行与考核激励等方面进行了广泛深入的探索，取得了良好的成效。在校院两级权力配置、二级学院内部治理等方面提出了明确的制度规范和要求。

四、C 学校二级学院内部治理

（一）应用型建设基本情况

C 学校是一所承担国家教育体制改革试点项目的民办高校，其坚持社会主义办学方向和公益性办学宗旨，以“价值观办学”理念和“质量！质量！质量!”总体战略为指导，深入落实立德树人根本任务，全面提高教育教学和人才培养质量。C 学校的教育教学质量观与学校总体定位一致，即“国际化、应用型、新体验”，主张为学生提供有用的教育。

近些年，C 学校积极推进民办高校内部管理体制改革，承担国家教育体制改革试点项目以来，理论和实践并举，改革项目的实施日渐深化和具体化，取得明显成效。实施管控模式调整，确立以分院为实体的办学模式；推进大部制改革，构筑以服务为导向的新型行政职能系统；开展财务、会计、资产管理制度改革，完善财务制度体系。

（1）推进学院内部治理变革。C 学校完善董事会组织形式，理清董事会与监事会、院长办公会和教职工代表大会之间的关系。C 学校在董事会下设立若干专业委员会，包括师资与科研发展委员会、学术委员会、薪酬绩效委员会和业务发展委员会 4 个决策机构；C 学校设立风险管控委员会，明确校长和校长办公会议的职责和议事规程；明确董事会领导下的院长负责制，进一步落实分级目标管理职能，开展专家治学。在学校层面，董事会全面领导学校事务，学术委员会对重大学术事务进行研究决策。在二级学院层面， C 学校全面开启专家委员会建设，突出专家委员会在学术事务中的重要作用。

（2）开展财务、会计、资产管理制度改革，完善财务制度体系和预算管理。C 学校加大分管院长预算审核权限，在学院预算管理过程中增加了分析反馈环节，重点保障教学经费的投入，进一步完善了学院的全面预算管理体系；C 学校推行成本管理，本着灵活配置的原则，建立全面系统的“经营战略汇报体系”。C 学校在全校全面推行“管理会计奖”，构建适合学院战略发展、满足业务需求的作业成本核算体系；强化资产管理，对重点资产建设项目进行全程跟踪，结合分院管控模式和大部制改革，提出资产管理组织体系的优化方案，提高资源的综合使用效益；注重防范风险，规范财务基础工作，建立审计中心，防范外部法律、政策风险。

（二）校院两级权力配置

（1）实施内部管理体制改革，优化学科专业布局。根据国家产业政策调整及市场环境变化，C 学校成立“会计学院”和“物流贸易学院”，将原“工商管理学院”更名为“管理学院”，原“金融与贸易学院”更名为“金融学院”，原“新闻与传播学院”更名为“文化传媒学院”；C 学校为推进公共课程改革，还成立了通识教育学院。为聚焦本科教育、探索高职人才高端定制化培养模式，C 学校筹建高职学院，逐步将高职学生集中进行教学管理，实施管控模式调整，确立以分院为实体的办学模式；启动以授权为核心的内部管控模式的调整；将人事、财务、业务管理等权力在学校和分院之间进行重新分配，其中，财务管理职能采取二级学院“打包”管控模式，人事管理主体职能均下放到分院实施自主管理，以保证其运营价值链的相对完整性。通过改革，各二级学院在很多学院建设发展方面拥有了自主权；C 学校加大人力资源投入，提升学术部门组织能力。C 学校推行分院院长负责制，提升学术部门领导力，选派强有力的中高层管理人员充实到分院，加大分院领导力的培训，组织开展以“提升分院领导力”为主题的专题培训。C 学校高度重视教师队伍建设，引进 “教师卓越教学培训项目”，改变教师教学方法及模式。各分院以受训教师为核心，开展多项观摩、赛教等活动，进一步推广和实践以学生学习为中心的教学方法。启动“国际名师”和“博士引进”计划；推进大部制改革，构筑以服务为导向的新型行政职能系统。

（2）根据市场需求和学生需求，优化调整组织机构。①全面梳理和重新整合各项行政职能。行政职能部门由原来的 23 个调整为现在的 12 个；将过去的“评估建设办公室”和“教学督导室”2 个处室，整合为现在的“教学质量评估中心”，使发现问题、解决问题、结果评估形成一个完整的闭环。②突出“以学习者为中心”的服务理念。把原先职能相对分散的 9 个单位整合为 4 个中心——教研发展、教与学、教学运行和注册考试，实现流程化管理，更加便捷；把原有与学生工作相关的 10 个科室调整为 6 个中心，转变为以咨询、服务、活动为三大职能的学生工作体系；使分院的组织机构更适合市场和服务学生的需要，将原来的办公室、教学科、学生科改为市场部、教务科和学生发展部，强化了三级组织联系市场、研究市场、对接市场、服务学生的职能。③突出全面目标和全面绩效管理。从 2011 年开始，由董事会根据学院制订的年度目标任务清单，明确学院院长和管理团队的年度绩效考核目标，并明确考核激励办法。全面运用波多里奇绩效指标体系，以期持续提升教学质量。学院各部门全面采用平衡积分卡工具，建立职能部门绩效评估体系，推行目标管理。结合学院管理体制调整、X 特色质量观的形成，多次修订和完善教师绩效评价制度。出台相关文件，进一步优化辅导员绩效考核工作。C 学校从纵向和横向进行了校院两级权力配置的调整，见表 4-11。

表 4-11　C 学校校院两级权力配置调整情况

纵　　向	横　　向
向二级分院授权，增强办学活力，坚持以学生为中心，持续不断提高教学质量	以教学学术事务为主体，行政支持服务于教学和学术，增强三者联动性

资料来源：自制。

总体来看，C 学校内部治理的变革核心是“授权”。为保障授权改革推行，进行了全方位的组织架构调整。一是学校实施大部制改革，职能部门从 24 个一度减少为 12 个；二是职能部门设置调整，按照服务对象和流程导向设置内部机构；三是对二级组织结构进行改革与调整，根据市场推广、品牌建设、产学合作、质量管理、教师发展、国际交流等新赋予二级学院的职能，设置二级学院内部组织，同时对教学科、学生科、办公室等传统部门进行整合优化。近几年，在授权基础上进一步推进改革，加强基层学术组织建设，改革传统的教研室架构，实施课程小组模式，每个二级学院的教学系统按照扁平化的课程小组进行组织。学校和二级学院均配套实行了委员会制度。学校层面设有战略规划、预算薪酬、教务、学务、研究发展、建设与总务、文化 7 个委员会（见图 4-1）。二级学院暂设 4 个委员会，包括教师发展与评价、课程、学生事务、设施与技术。可以看出，授权体制改革，增加了二级学院的自主性和积极性，二级学院由过去的教学实施单位变为“院办校”的办学实体，也一度形成了二级学院“八仙过海、各显神通”的景象和格局；注重基层组织建设和调动一线教职工的积极性和自主活力，通过制度和机制让一线教职工能够广泛参与学校、二级学院的改革发展。

C 学校内部治理体系是董事会领导下的校长负责制，董事会作为学校最高决策机构，其职责主要包括校长、副校长等人选、董事会相关人员的选聘和解聘；修改学校章程和制定学校的规章制度；讨论决定学校重大发展规划、资源配置、机构设置、经费预决算、工资绩效方案等重大事项。董事会下面有校长办公会和校长专题会。校长办公会由校长负责召集，主要讨论贯彻实施董事会做出的重要决策，讨论学校建设发展中的重大事项，校长应在校长办公会上做出决策。校长专题会相当于一种专项研讨会议，主要依据校长办公会的决议具体讨论处理专项工作。

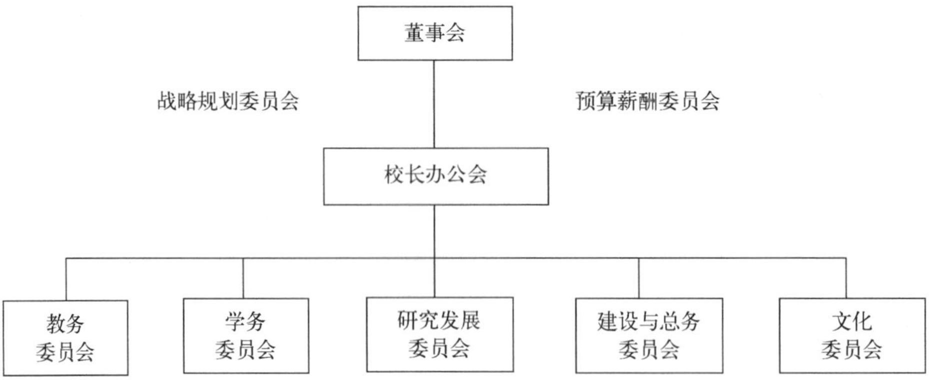

图 4-1　C 学校内部决策组织架构

资料来源：自制。

（三）二级学院内部行政权力、学术权力、民主权利情况

（1）行政权力作用明显。C 学校二级学院实行院长负责制，院长全面负责本院的教学、科研、学生管理、社会服务、品牌营销、国际交流与合作、日常行政管理等各项工作。从 C 学校章程中可以看出，党政联席会议是学校社区（分院）党政集体领导体制的决策形式。社区（分院）党政联席会议一般每季度召开一次，必要时可随时召开；党政联席会议参会人员为社区（分院）党政领导班子成员，到会人数须超过应到会人数的 2/3。涉及党的建设的议题，由党组织书记主持；涉及行政工作的议题，由行政负责人主持。党政联席会议研究讨论决定的主要议事范围包括学习传达重要会议和文件精神并贯彻落实；研究决定本单位发展规划和年度计划、年度总结；讨论决定本单位重要改革措施和教学科研管理制度；

研究决定本单位学科专业发展、人才培养、师资队伍建设、社会服务、对外交流与合作的重要举措；研究决定本单位教职工和学生教育管理、师德建设、教风学风、安全稳定和保密等重要事项和重大突发事件处置；研究决定内部组织机构、岗位设置及调整、人事调配、人才引进，教职工聘用、管理、培养、考核、晋职晋级、评奖评优等方面的重要事项；本单位学术组织的组建、换届等重要事项；研究决定本单位招生就业、创新创业等工作中的重要事项；研究决定本单位年度经费预算决算、大额资金使用、重要项目安排，绩效工资、奖金发放、办学资源、设备设施等分配事项；涉及本单位改革发展稳定和师生员工切身利益的其他重要事项。二级分院党政联席会议骨干成员是二级分院的主要管理人员，包括专业教师，各个中心的负责人、专业负责人，一般每季度召开一次。当前因为实行委员会制，所以重大事项的决策基本都由委员会承担，再交由党政联席会议审定。因为院长一般都在各个委员会里，所以这些会议其实也是高度融合的。

（2）专业委员会促进学术权力发挥作用。C 学校在校级层面设立学术委员会，负责学术事务的咨询、评议、决策。学术委员会根据学科设立学术分委员会。学术分委员会根据学校学术委员会的授权开展工作，组成人员及议事规则按学校学术委员会章程规定。二级学院成立课程、教师等专业委员会，依其章程负责审议本院重要改革方案和重要问题解决报告，并为本院业务决策提供咨询与指导，其实质就是学术委员会行使学术权力。当前 C 学校二级学院学术权力主要体现在实行委员会制。以工商管理学院为例，该二级学院下设教师发展与评价、课程、设施与技术、学生事务 4 个委员会。教师发展与评价委员会是学校师资委员会下设机构，主要负责对分院人才队伍建设规划、人事制度改革、教师引进与培养、教师考核与评估、专业技术职务评审与聘任等相关规定和科学研究、社会服务等事项进行审议和咨询。教师发展与评价委员会由学院领导、具有较高学术水平的教授、博士、学科带头人、行业专家、教师代表等人员组成，设主任委员 1 名、委员不少于 6 名，组成人数应为奇数，特邀专家若干名；课程委员会是在原学院教学委员会基础上成立的，是对分院规划、专业建设、课程建设、人才培养方案论证和课程小组运行问题进行审议、决策的最高机构，同时承担教学事务的咨询、服务功能。课程委员会由学院领导、具有较高学术水平的教授、博士、学科带头人、行业专家、教师代表等人员组成，设主任委员 1 名、委员不少于 6 名，组成人数应为奇数，特邀专家若干名；设施与技术委员会是学院办公会下设专门机构，主要负责对数字治理、技术支撑、资产管理和空间管理等事项进行审议和咨询。设施与技术委员会由学院领导、师生代表、职能部门代表、业界代表等人员组成，设主任委员 1 名、委员不少于 6 名，组成人数应为奇数，特邀专家若干名；在学校学生事务委员下设立分院学生事务委员会，围绕学院涉及的学生各项工作，参与决策、建议。学生事务委员会设主任委员 1 名、委员 6~14 名（含学生代表），特邀专家若干名。如图 4-2 所示。

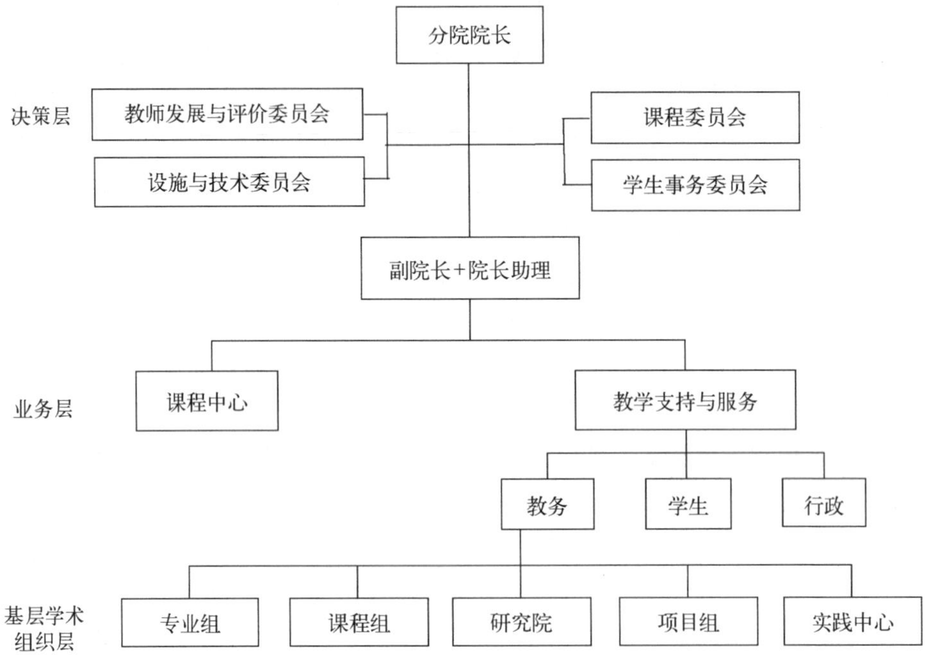

图 4-2　C 学校二级学院内部组织架构

资料来源：自制。

又如物流贸易学院专门出台了相关管理办法，目的是提升分院学术领导力，充分发挥行业、院校高级专家在学科专业建设、人才培养、学术科研活动中的作用。专家委员会为物流贸易学院的学术咨询及辅助决策机构，以保证学术质量为目标，为分院各专业建设规划、人才培养方案制定、专业学术活动方面提供指导和支持。专家委员会的主要职责包括指导物流贸易学院明确分院发展定位及制定战略规划，并进行研讨和审议；指导物流贸易学院学科专业建设规划的制定及关键内容的实施，负责论证和审议，为专业建设发展改革提出意见和建议；负责物流贸易学院人才培养方案的论证和审议，指导课程设置、学生实习实践、毕业设计等重要教学环节的实施与优化改进，并参与教学质量监控；提供外部企业与教育信息和资源，参与物流贸易学院重大产学研合作项目的论证并指导实施；参与物流贸易学院重大科研项目及成果的审议，与分院联合申报、共同承担重大科研课题，项目合作、课程研发等，对分院承担的重大研究课题或项目提供指导和咨询；指导物流贸易学院师资队伍建设和培养工作，协助引进符合专业发展需求的中高级人才及甄别、选拔现有教师，提供教师学术研讨交流资源，举办教师教学研讨交流活动或培训讲座；参与物流贸易学院研究生教育申办、本科教学评估、学位授予权评估、质量奖评审等专项工作；有意向、时间允许的专家委员可以开设讲座、兼课及作为学生导师，参与人才培养过程；完成物流贸易学院交办的其他相关工作。专家委员会委员由热心民办高等教育事业，关心支持 C 学校教育教学改革和发展的相关学科领域、行业的院外专家、学者，以及本院具有较高学术水平、教学管理经验丰富的高职称教师组成。专家委员会委员实行聘任制，经各专业教研室或分院推荐，C 学校人事处审核，主管院长审批后，签订 C 学校聘用协议并颁发 C 学校专家委员聘书，正式成为专家委员。专家委员聘期为 1~3 年，可以连续聘任。专家委员的酬劳在聘用协议中予以明确。专家委员会按届设置，每届任期 3 年。每届专家委员会设主任 1 名，副主任 1~2 名，委员 7~9 名，秘书 1 名。其中校外委员不少于 1/2；主任和副主任由专家委员会委员担任，且至少有一名为院外委员，由主任负责协调安排有关会议、学术活动及开展工作；秘书负责日常事务性工作并组织召开会议。

（3）民主权利得到一定保障。根据个别访谈结论来看，C 学校作为应用型民办高校，民主权利在其二级学院中的体现已经包含在委员会制中，每个二级学院基本都设置了如前文所说的各个专业委员会。为保证尽可能大的覆盖面，每位老师最多参加两个委员会，每个二级学院几乎会有 1/3 的老师加入各类委员会中，在学院各项事务中行使民主权利。每年年初和年底也会分别召开一次教职工代表大会，年初的教职工代表大会主要是把绩效委员会已经审批通过的计划、匹配的预算以及二级学院的重点工作予以说明和解读，并将指标和工作细化到人。年底的教职工代表大会主要是全面系统总结本年度工作，并进一步关注教职工的诉求和需求，以便更好地谋划下一年度的工作。关于学生代表大会，每年到学生发展委员会换届的时候会召开学生代表大会，大会主要讨论的议题是二级学院学风建设，包括怎样服务学生，帮助学生的成长，促进学校建设发展，保证学生的一些合法权益等。学生代表大会主要强调以学生为中心，发挥学生的主人翁精神。在学生代表大会中，学生代表可以提出建议，形成正式提案，和大家一起参与讨论，也可以通过学生干部把这些建议和意见直接反映给学校。当然，二级学院中学生的民主权利更多的还是体现在平时，一方面在于前面提到的学生事务委员会，另外，二级分院每月都会有一个院长接待日，学生有任何意见、建议都可以在院长接待日中直接向院长反映。二级分院每个学期还会召开一个专门会议，所有专业的学习委员都会参加，由班干部提前两周在班级里收集大家需要反馈的问题，在会上向分院老师反映，然后由分院老师再反馈给学校相关部门。例如，生活上的问题反映给社区或者后勤部，教学上的问题反映给教务处或者直接反映给具体的老师。另一方面，学院还设置有学生权益保护协会，成员由学生构成，如果有什么意见、建议都可以提交提案，还可以在校长接待日直接向校长反馈。

（四）社会力量参与二级学院内部治理

社会力量通过专业委员会参与二级学院内部治理。在公办院校中，社会力量参与内部治理主要通过理事会实现，而在民办院校中则主要通过董事会参与学校内部治理。C 学校董事会成员构成中就包含热心教育事业、品行端正的社会人士。在二级学院层面，主要是通过社会力量参与 4 个专业委员会中的方式实现。前文提到，C 学校二级学院基本设置 4 个专业委员会，4 个专业委员会都有各行业专家参加，他们通过参与委员会会议对学院建设发展提出意见或者建议，并且学院也赋予他们投票权。例如，学院要制定培养方案，假如课程委员会一共 15 人，学校规定 15 人不能全部是校内成员，要求必须有 1/3 的其他高校的专家和 1/3 的行业精英。例如，金融学院依托于会计师事务所，引进了一些会计师事务所的合伙人参与学院的内部治理工作中，聘请他们作为行业顾问或客座教授，主要引导专业建设的发展，他们有行业的前沿经验，同时也可以把一些智力成果输送到学院，为专业发展提供支持和依托。金融学院还通过外部力量开展了一些企业的社会服务和培训的项目，通过外部社会力量的引进来开展校企合作。

各个二级学院都很重视外部力量参与学院内部治理。外部力量来自两个方面。第一，因为 C 学校所在城市高校众多，有很多专家、教授，包括顾问，兼职授课的老师以及论文指导老师都是来自所在城市各个院校的专家教授老师。第二，就是层次比较高的，来自各个领域的、很有学术权威的专家，他们基本上都是二级学院的学术顾问。每年都会定期召开相应的学术会议，讨论学院建设发展，尤其是社会力量能够给二级学院引入非常多的社会资源，包括学生实习就业、老师参与科研项目等一系列资源。此外，外部力量还包括西安本地企业中经验和能力都非常强的业界精英（中高层管理人员），他们能够从企业用人以及实践的角度给二级学院内部治理建言献策。

第三节 应用型大学二级学院内部治理的模式及特征

从前文对全国41所应用型大学章程的文本分析以及对国内3所应用型大学具体的案例分析，可以看出当前我国应用型大学二级学院内部治理的基本模式是党政联合型模式。此种模式实行党政共同负责制，党政联席会议是二级学院重大事项的议事与决策制度，保障二级学院内部治理体系的顺畅、高效、有序。应用型大学与研究型大学相比，二级学院没有数量庞大的教授群体，学术委员会主任一般也是由院长兼任，因此学术权力容易受行政权力影响。本研究从组织架构、运行机制、治理主体、制度安排4个方面来分析其基本模式及主要特征。

一、应用型大学二级学院内部治理的基本模式

（一）两类组织机构

在组织架构方面，行政管理机构和学术管理机构是应用型大学二级学院内部治理的两类组织机构。公办院校二级学院一般由若干职能科室，如学院办公室、学生科、教研科等组成行政管理机构；由各系（学科、专业、学位点、实验室）组成学术管理机构；由院长总览全院业务工作，统筹学院建设发展；分管副院长具体负责教学、科研、学科、学位点、实验室、服务地方等若干工作；党委（党总支）书记把好学院发展政治方向，做好学院党建和思想政治工作，支持院长做好学院各项工作。民办院校和公办院校相比，组织架构比较多样化。以C学校为代表的民办院校将二级学院组织结构进行改革与调整，根据市场推广、品牌建设、产学合作、质量管理、教师发展、国际交流等新赋予二级学院的职能，设置二级学院内部组织，同时对教学科、学生科、办公室等传统部门进行整合优化，并在授权基础上进一步推进改革，加强基层学术组织建设，改革传统的教研室架构，实施课程小组模式，每个二级学院的教学系统按照扁平化的课程小组进行组织。学校和二级学院均配套实行了委员会制度。二级学院暂设4个专业委员会，包括教师发展与评价、课程、学生事务、设施与技术。这两套组织体系是相互配合、彼此支持的。在应用型大学二级学院，无论是行政管理机构，还是学术管理机构，都是在党委（党总支）领导下，由院长主导的，体现的是以院长为代表的行政团

队的工作理念和目标。

（二）三大运行机制

在运行机制方面，二级学院形成了以党政联席会议为主的决策机制、以专业委员会为主的执行机制、以教代会和学代会为主的监督机制。党政联席会议是二级学院最高决策机构，凡涉及学院发展的重大问题和重要事项，由党政联席会议集体研究决定。以 A 学校为代表的公办院校中的二级学院普遍实行党政共同负责制。设有学术委员会、教学委员会或学位委员会的学院，应有符合条件的党组织班子成员进入相关委员会。以 C 学校为代表的民办院校二级学院内部治理同样是党政共同决策，党政联席会议是学校分院党政集体领导体制的决策形式。分院党政联席会议一般每季度召开一次，必要时可随时召开；党政联席会议参会人员为分院党政领导班子成员，到会人数须超过应到会人数的 2/3。涉及党的建设的议题，由党组织书记主持；涉及行政工作的议题，由行政负责人主持。公办高校和民办高校虽然在各专业委员会的设置上有所不同，但都是通过这些专业委员会来执行党政联席会议的决定，同时通过各科室的行政机构和各系（基层学术组织）来保障实施。公办高校和民办高校也都是通过教代会和学代会作为行使民主权利的主要形式，当然，民办高校更加注重让更多的教师参与各个专业委员会的形式，来实现师生的民主监督权利。应用型大学二级学院在决策、执行和监督等三大运行机制中，往往存在决策过程中不够统一协调、执行过程中不够高效协同、监督过程中不够快速响应等问题。

（三）内部治理主体

院长为二级学院行政负责人，主要负责本单位学科建设、教学工作、学生工作和科研工作、学院机构与人事工作，管理学院各项经费，配合学院党委（党总支）共同落实思政和德育工作。民办高校大多实行委员会制，二级学院院长也参与若干委员会。公办高校二级学院学术委员会参照校级学术委员会对学院各类学术事务进行咨询、审议、决策，受学校学术委员会指导。民办院校采用委员会制行使学术权力，如 C 学校的二级学院成立的 4 个专业委员会，依其章程负责审议本院重要改革方案和重要问题解决报告，并为本院业务决策提供咨询与指导。民主权利在公办院校和民办院校均得到重要体现，公办院校明确规定二级学院教职工代表大会和学生代表大会的职责、权限、人员构成、换届等事宜，民办院校教职工民主权利主要体现在委员会中，通过各类委员会行使民主权利，当然也有和公办院校相似的教职工代表大会；民办院校学生民主权利主要体现在学生发展类的委员会、校长接待日、院长接待日中，也有和公办院校类似的规模较大的学生代表大会。

（四）5项制度安排

公办高校实行党委领导下的校长负责制，民办高校实行董事会领导下的校长负责制，在二级学院层面，党委（党总支）会、党政联席会议、学术委员会、教职工代表大会、学生代表大会这5项制度成为应用型大学二级学院内部治理的主要载体。这些制度在很多高校也通过议事规则予以明确，往往以正式文件的形式规定二级学院各项重要事项的决策程序。党委（党总支）会制度主要对党建与思想政治工作以及需要做前置审查的工作进行决策；党政联席会议（院务会议）制度保障二级学院的最高决策形式，明确规定对学院各项事务具有最终决定权；学术委员会制度保障了学术委员会在学术事务上的咨询、审议、决定权，体现了教授在二级学院内部治理中的重要学术话语权；教职工代表大会制度规定了广大教职工参与二级学院内部治理的权利，尤其保障了教职工在关系学院建设发展大方向以及教职工切身利益的重大事项中的重要决定权，在一定程度上还可审议党政联席会议通过的事项；学生代表大会制度体现了学生自治组织参与如培养方案制定、评奖评优、资困助学、学生干部换届等与学生切身利益相关的事宜。在应用型大学二级学院，党委（党总支）会、党政联席会议、学术委员会、教职工代表大会、学生代表大会这5项制度，是内部治理结构正常运行的重要保证。

二、应用型大学二级学院内部治理的主要特征

从运行机制来看，在决策层面，二级学院党委（党总支）书记、副书记与院长、副院长组成党政领导班子，通过党政联席会议制度进行集体决策，在决策前有时也会听取学术委员会的意见。在执行层面，行政管理机构和学术管理机构根据党政联席会议的决策加以分解落实，在执行过程中，行政管理机构体现的是行政权力主体，而学术管理机构既要体现行政权力主体，还要体现学术权力主体；在监督层面，广大师生主要通过教代会和学代会参与学院内部治理，在监督过程中，体现的是师生作为民主权利主体对其他主体的监督。因此，从决策、执行到监督反馈的过程，应用型大学二级学院内部存在多个治理主体，各个治理主体又

都是相互作用的。

从A学校来看，学校出台的相关文件明确二级学院实行党政共同负责制，完善决策、咨询、运行、监督制度，建立健全内控体系，并根据上级要求，适时推进党组织领导下的院长负责制。二级学院党委（党总支）在党政联席会议前要对涉及办学方向、教师队伍建设、师生员工切身利益的重大事项进行先行把关，这也是党的领导和民主集中的典型体现。以C学校为代表的民办院校更加注重共同决策、分工执行。二级学院院务会议（党政联席会议）的主骨干成员是二级学院的主要管理人员，包括专业教师，各个中心的负责人、专业负责人，治理主体相对更加多元，当前民办院校二级学院多数实行委员会制，重大事项的决策基本都由委员会承担，委员会覆盖面比较广泛，学院各项事务决策在各个群体中的民主集中度较高。

（一）纵向行政机构与横向学术机构相结合

纵观应用型大学二级学院内部治理组织架构，不难发现，科层制的行政机构与扁平化的专业机构相结合是其重要特征之一。科层制的行政机构主要凸显行政权力，上下级比较分明，而扁平化的专业机构主要是指学术委员会以及其他各类专业委员会，主要体现学术权力。应用型大学二级学院一般随着学校规模的扩大而有了更多办学自主权，二级学院从最本真意义上来说是学术单位，但应用型大学二级学院治理基本模式决定了学术权力作用的局限性，因此就需要有一种更具有强制力的权力进行统筹。因此，科层制行政管理机构与扁平化学术管理机构作为两个重要的组织架构，当前明显存在于应用型大学的二级学院中，是两种关系密切的重要力量，两者之间关系微妙，既矛盾又统一，所以理应进一步明确两者的职责权限。

应用型大学二级学院是学术单位，所以二级学院应该明确学术权力在学术事务上的地位，行政权力应在学术事务上对其进行辅助，当然，行政权力在一定程度上也要适当监督学术权力。事关重大学术事务，一般都先经二级学院学术委员会召集会议讨论、商议，作出决策，向党政联席会议提供具有学术参考价值的参考意见，这实质上使行政管理机构与学术管理机构之间产生了一定关联。组织架构相互结合，并不否定作为最高权力主体——学院党政领导班子在学院内部治理中的最高决策地位。二级学院内部治理的一切框架需要在《中华人民共和国高等教育法》等法律法规确定的法制体系下进行。以C学校为代表的民办院校二级学院的组织架构比公办院校更适合市场和服务学生的需要，将原来的办公室、教学科、学生科改为市场部、教务科和学生发展部，强化了三级组织联系市场、研究市场、对接市场、服务学生的职能。

（二）内部治理要素相互交叉

在二级学院，院长、副院长等行政领导班子在内部治理中主要负责行政事务，代表行政权力；学术权力则由以教授为代表的教师群体行使，而院长、副院长往往兼有教授身份，他们在行使行政权力的同时，在学术权力中也有较为权威的话语权，从学术委员会人员构成中院长一般作为学术委员会主任就能够明显看出。教职工和学生通过教职工代表大会和学生代表大会等多种方式行使民主权利，起到民主监督的作用。其中学院党委（党总支）书记、副书记、院长、副院长一般也作为学院教职工代表的当然成员，在学院工会的召集下参与教职工代表大会，行使民主权利。在二级学院内部治理组织架构中，任何一个要素均与其他要素密切关联，不可能单独存在，应处理好不同要素之间的关系，寻找合作点。从前文可知主要通过 5 项制度来保障二级学院内部治理结构的运行。

从以 A 学校为代表的公办院校看，A 学校中的二级学院根据学校相关制度，结合自身实际，按规定程序制定决策与议事制度、教学管理制度、公共资源使用管理制度、队伍建设制度、考核和收入分配制度、经费使用制度、党风廉政建设制度、学术规范管理制度、民主管理、民主监督制度以及其他重要的规章制度。以 C 学校为代表的民办院校，在董事会领导下，学术委员会对学术事务进行咨询、评议、决策。在分院层面，从 2010 年开始，全面启动专家委员会建设，对二级学院管理的作用不断强化。

应用型大学二级学院内部治理中各要素之间是相互交叉的，具有彼此关联的特征，在一定程度上协调配合，形成合力。二级学院内部治理是动态变化的，需要各个治理主体相互协调、密切配合，并保持一定的活力，形成圆满完整的治理闭环。

（三）社会力量有限参与内部治理

从 41 所应用型大学章程文本以及 3 所应用型大学案例分析来看，社会力量在二级学院内部治理运行中占有一席之地。对公办院校来说，社会力量主要体现在理事会以及学术委员会中。从公办应用型大学章程来看，学校层面基本都设置理事会，由热心教育的社会人士、知名贤达等组成，在学校章程制定修改、学校建设发展规划、资金筹措等事关学校重大事务方面积极发声，通过定期召开会议参与学校内部治理；其学术委员会成员更是吸纳一定比例的业界精英参与，校内校外共同为学院学术事务提供咨询、评议，确保学术决策的科学合理有效。民办院校社会力量主要集中在学术委员会和各类专业委员会中。例如， C学校中的二级学院设置有4个专门委员会，每个专业委员会都有相应范围的校外社会力量参与，对学院专项事务的决策起到比较重要的作用。无论是公办还是民办的应用型大学，社会力量参与内部治理还体现在结合地方优势产业，深入推进产教融合，让业界精英深度参与学校人才培养全过程，也让学生在实习实践环节走进优质企业。社会力量虽然参与二级学院内部治理，但由于尚未形成社会与高校利益共享的互动机制，深入推进现代产业学院建设还存在各种制约因素，社会力量参与二级学院内部治理还是比较有限。

本章小结

研究发现，当前我国一些应用型大学二级学院内部治理主体关注度不平衡。通过对3所典型案例高校的研究分析发现，应用型大学在加强二级学院内部治理方面进行了卓有成效的有益探索，在校院两级治理要素配置、二级学院内部治理要素配置、社会力量参与二级学院内部治理等方面均有自身特色和好的经验做法。总结文本分析和案例分析，可以看出，我国应用型大学二级学院内部治理的基本模式是党政共同负责制，通过党委会制度、党政联席会议制度、学术委员会制度、教职工代表大会制度和学生代表大会制度进行保障。我国应用型大学二级学院内部治理表现为纵向行政机构与横向学术机构相结合、内部治理主体相互交叉、社会力量有限参与内部治理等主要特征。

第五章 德国应用技术大学学院内部治理分析及启示

大学内部治理是在历史演变和环境影响中逐步形成的，由于存在历史、文化以及制度等方面的差异，虽然各国、各地区的高等教育发展模式不同、水平各异，形成的应用型大学学院内部治理也不一样，但是德国应用技术大学建设起步相对较早、成效较为明显，围绕应用型大学建设和服务地方经济社会发展的共同任务，仍然存在很多值得我们借鉴的经验。德国应用技术大学作为兼具学术性与应用性的新型高等教育机构，在办学定位、人才培养、专业设置、师资队伍建设等方面形成了鲜明特色，为德国社会输送了大批应用型人才，形成了具有鲜明应用特色且相对完善的二级学院内部治理体系。本研究选择德国应用技术大学进行研究，希望从中得到一些启示。

第一节 德国应用技术大学学院内部治理分析

德国应用技术大学始于 20 世纪 60 年代，这类学校的办学理念强调与社会实践有机结合，致力于培养应用型人才。关于学院内部治理，德国应用技术大学普遍采用相互制约的决策、落实、监督的治理机制。根据《德意志联邦共和国高等院校总纲法》（Deutsches Hochschulrahmengesetz，简称 HRG）和北莱茵-威斯特法伦州的《高等教育法》，结合德国应用技术大学章程，可以看出德国应用技术大学参照现代大学制度的标准，形成了具有德国特色且相对完善的内部治理体系。

一、校院两级管理权责明确

（一）学校高层实行分权管理

就学校管理而言，学校高层管理主要由校议会、校务会和校监会 3 个团体组成，分别行使不同的权力，校议会主要行使的是高校发展过程中的重大决策权，包括预算编制、人员引进等；校务会主要是执行校议会的决策；校监会主要是监督政策的实施和落地过程。从上述分工，可以发现德国高校内部权力配置正在发生着巨大变化，从完全的学术自治转变到高层分权管理。在这样的管理模式下，3 个团体分别行使着各自的权力，又能够实现内在的连续统一，实现了管理逻辑上的有效衔接。值得注意的是，虽然校议会、校务会和校监会 3 个团体的管理实权得到了保障和落实，但是高校本身的性质决定了其无法完全脱离学术团体的意愿进行自由发展和管理。

德国北莱茵–威斯特法伦州的《高等教育法》规定校议会和教务委员会的代表由各自成员团体通过直接、自由、平等和无记名选举分别选举。可以允许邮寄投票，并规定关于选举事项的书面声明可以通过简单的电子传输、移动媒体或电子形式提交。该法令规定了电子形式投票的细节和可能性，投票人或其助手必须确保他们亲自或作为辅助投票作出决定。任何人错误地提交投票都是不当行为。教务委员会成员如果同时满足选举授权和官方授权，则在任期内暂停选举授权。如果在任期或选举结束时没有任命新成员，则前任成员继续履行其职务或职能。教务委员会的选举或教务委员会个别成员在就职后被宣布无效的，不影响先前作出的决议和公务行为的法律效力；这相应地适用于教务委员会的错误任命。如果成员组中没有有资格投票的成员，则同样适用。如果教务委员会的教授小组在选举后没有获得教务委员会成员的多数票，则校长任命所需人数的代表也是有效的。

综上，新的治理结构的特点在许多方面是混合的。目前，大多数德国应用技术大学的内部治理中，学术自治是非正式的，建立管理自主权的措施尚未完成。通常不行使正式权力，院长和系主任继续尽力寻求达成共识。这些行为都是由于目前的实际权力控制者也明白自己的处境，总有一天他们将从现在的权力中心退下来，变成普通教师，所以他们也不会希望在普通教师中制造敌人，有一天也许普通教师中的某位老师就将成为新的掌权人，这也是很多行政管理人员在长期的工作中所积累的潜移默化的校园文化。汉斯·海因里希·特鲁特指出：“科层制自治行政的强化因大学的特殊性而受到限制。一方面，信息不对称的情形比其他组织更为严重，因此并不容易由领导形成必要的信息。另一方面，当变动仅出现于科层制时，变动几乎没有前景可言。学术人员的专业自治很可能造成执行的障碍。由此推测，管理自治行政并非依赖共识的文化，而是依赖决定之沟通与合作的权限以及充分的反应。在科层制的影响下，建立协商的不同模式。因此，‘参与式的管理’有其必要。”

（二）校院之间相互协同

就学校与学院的关系而言，学校将部分权力合理有序地下放到二级学院，从而使二级学院拥有充分的自主权；二级学院独立运行能力大大增强，更好地保障学校有效运作并实现其根本目的。根据德国北莱茵–威斯特法伦州《高等教育法》规定，高校内部院级和校级层面的管理自主权都有了变化，与原先的权力相比有了实质性的改进和增强，同时院校两级管理之间更加协同，有机融合，但是高校高层管理人员比院系管理人员具有更为优先和更高级别的管理权。根据法律规定，校长负责确保其他机关、教务委员会和工作人员履行职责，确保大学成员履行职责，每年向大学理事会报告大学任务的完成情况并发布问责报告。学院可以召开部门会议，针对影响整个大学或具有根本重要性的研究、艺术和教学问题向校长、校议会和大学理事会提出建议，同时规定院长为教务委员会成员。德国各州高校的院长和系主任的自主管理权得到了进一步加强，许多高校议题可以通过校长办公会或者行政办公会议决定，不用全部经过大学理事会，如院长和系主任可以自主管理财政和人事。院长和系主任具有双重身份，在校长面前他们代表了学院和系部的利益，还负责在院系宣讲并落实学校的规章制度，从而拥有更多的自主管理权。通过这样权力的多层级化配置，大学理事会或核心领导层对院系的干预能力大幅度下降，对学科发展赋予更多自主权，减少了校级行政层面的干预。

德国北莱茵–威斯特法伦州的《高等教育法》第 27 条规定院长领导该部门并在大学内代表该部门，与教师委员会协商后，确定教师发展计划，以确保课程的完整性，确保教师遵守教学义务。院长有权与部门理事会协商确定分配原则，分配部门内的职位和资源，决定部门员工的部署，并在不损害校长监督权的情况下向部门工作人员、委员会和机构履行职责。《汉堡州高等学校法》明确指出高校应赋予院系、学科或对应的结构层面更加高度的自主和更加独立的管理权限。高校高层管理人员在院系、学科或对应的结构层面的影响应不断减少，从而保障高校内部的学术自治。

二、多元主体参与重大决策

（一）教授占据决策主体地位

就学术和行政管理而言，德国应用技术大学的教授对学科专业的设置、未来发展规划等重大教学问题具有决定性作用，同时对教学方式、授课内容、授课大纲等也具有压倒性的建议权。德国法律赋予了教授很多权力和极高的地位，因此德国很长一段时间都执行教授治学的管理模式，大学教授作为大学自我管理的全权代表，几乎在一定时间占据了垄断地位。

位于德国下萨克森州的奥斯特法利亚应用科技大学是德国众多应用技术大学的典型之一，该校主要通过校议会、校务会和校监会来实现内部治理，三者之间权力划分明确，相互制衡。校议会是学校的最高决策机构，主要负责学校管理层面的很多重大事项，包括专业设置、专业调整、教授聘任、财务预算制定等，校议会每年需要组织召开不少于 6 次会议。该校校议会由 13 位成员组成，其中教授 7 人，普通教师 2 人，行政人员 2 人，学生代表 2 人，每届任期 3 年，可以看出教授在该校的重大事项决策中具有压倒性优势。校务会由 4 位成员组成，其中 1 位校长、3 位副校长，下设 4 个部门，包括人事处、财务处、后管处和发展规划处，这些部门主要对校务会负责。校监会由来自经济界、教育局和校议会的 7 人组成，一般占比是 5：1：1，主要是起监管作用，监督校务会的日常运行。奥斯特法利亚应用科技大学主要采用的是教授治学模式，因此，在决策的各个阶段都会要求教授参与其中，从该校的网站简介中可以发现，该校的主管人员都是教授，包括校长、副校长、系主任、系副主任等，由此可以看出教授在各类决策中占据绝对优势。在教学环节也完全落实教授负责制，由教授来决定课程的开发和设置，组织开展日常教学工作，落实学生的实践实训安排，管理学科经费和科研经费。

（二）不同组群参与重大决策

随着现代大学的兴起和发展，越来越多的德国人对传统教授治学模式提出了质疑和批判。20 世纪 60 年代，学生自发组织了抵制教授治学模式的运动。除了学生，助教甚至部分教授也参与了此次学生运动。这次学生运动的核心争议点是要求学生代表参与董事会，并出席董事会的会议。不同类型的高等教育机构需要提供不同的管理方法，让普通教师和学生代表都能参与学校管理决策，而不仅仅是教授独断专行，这样才能确保决策的公平和公正，更好地满足广大师生的实际需求、推动学校的多元发展、服务于应用型大学建设。

德国北莱茵–威斯特法伦州的《高等教育法》规定大学教授根据本学科聘任关系的具体情况，独立承担本校的研究、艺术、教学和继续教育等任务，并参与学生咨询服务，包括参与大学的管理、参加大学的考试和执行其他任务。大学教授有权并有义务在适用于其雇佣关系的规定范围内，在其所有课程和研究部门的科目中教学和举行考试。教学还包括完成进一步的培训任务和参与考试规定中规定的实践专业学习阶段。大学教授有义务执行为确保和协调课程提供而做出的决定。经部门批准，他们可以在本州另一所大学为部分教学职责开设本学科的课程并参加相应的考试。大学教授有权并有义务根据其雇佣关系的结构和大学的任务，接受发表研究成果或其他科学出版物的报酬。大学讲师主要执行教学任务，不考虑本规定要求的其他公务。初级教授还有通过独立履行本大学在研究、艺术、教学和继续教育方面的职责，获得大学教授职位的资格。在不影响本规定的情况下，大学教授的任务类型和范围是根据负责机构在任命时书面制定的规定确定的，任务的定义需要在适当的时间间隔进行审查。

通过不断修订和完善相应的法规条例，高校中除了教授以外的其他人员代表，包括学生代表、教师代表、行政管理人员等拥有了极大的话语权。大学雇员被划分为多个群组，在决定相关事项时，不同类型的大学雇员都具有建议权、参与权和表决权。同时，修订后的法律条例也明确规定了大学内部治理过程中各个组织成员代表所占的比重。除教授外的大学普通教师也应当作为权威团体代表，参与高校发展决策过程、学生事务管理过程和学术决策过程，并且应该具有相应的表决权和投票权，但是，此类团体在行使相应权力的同时也应该遵循高校管理和发展的相关指导原则：（1）大学教师的组别必须具有同质性，也就是按照其区别于其他组别的特征聚合而成，并且能够明显地与其他组别相区分；（2）对直接与教学相关的决定，大学教师的组别具有特殊地位并具有相应的重大影响力。如果该组别具有一半的表决权，则满足此条件；（3）对直接涉及研究或教师任命的问题，大学教师组别应该保有广泛的、决定性的影响；（4）所有有关研究与教学问题的决定，排除非学术人员组别的无差别参与。[①]由此可以看出，通过各级各类法律法规的制定，德国联邦宪法法院在根本上认可了大学组群的合法性，强调不同组群在高校事务决策过程中的立场和地位。综上所述的内部治理充分体现了德国高等教育民主、高效、开放的基本特征。

---

① 张翔，2012．德国宪法案例选释[M]．北京:法律出版社，117-143．

三、师生积极参与内部治理

（一）师生民主参与重大决策

在师生参与学校管理方面，教师和学生代表通过民主推选进入校议会，从而参与学校的一些重大决策，实现权力的相对制衡。事实上，德国高校内部治理中各个利益相关者之间的关系比较复杂，既有相互合作的地方，也有彼此制约之处。针对这一复杂情况，德国联邦宪法法院和各州不断更新法律法规，以充分保障学术自由，达到学术自治和管理自治之间的完美平衡，从而形成大学各个组群和权力之间的有效制约。德国北莱茵–威斯特法伦州的《高等教育法》规定在校就读的学生组成学生团体。学生团体是大学的法人实体，可以自行管理事务，其任务如下：关心本会成员在大学和社会中的利益；在本法范围内代表会员的利益；参与完成大学的任务，特别是通过提供关于大学或科学政策问题的声明；在宪法秩序的基础上促进公民教育、公民责任和积极包容其成员的意愿；照顾会员的职业、经济和社会利益；关心会员的文化利益；促进学生体育健康发展；维持超本地和国际学生关系。学生团体可以使用各种媒体完成上述任务，也可以在这些媒体上讨论和发表一般社会政治问题。学生团体发布章程，由学生议会以多数成员的投票通过，并需经校长批准，公布后的第二天生效。同时法规特别规定了学生团体的组成、选举和投票、召集、主席、委员会、任务和权力以及学生团体的决策，学生团体机关成员的任期，学生团体预算的编制和执行，全体会议的程序和表决的期限等系列问题。学生团体的机关是学生议会和学生总委员会。学生团体的章程可以规定在学生团体的所有成员中进行书面投票。如果至少有 20%的学生团体成员同意，以多数票通过的决议对学生团体的机关具有约束力。对于学生总委员会和学生议会的会议、办公时间和日常管理的处理，大学在所需空间范围内免费提供房间，校长对学生团体进行法律监督。

（二）组建大学自治团队

德国应用技术大学内部治理发生巨大变化，部分学术人员的地位和自主权力因受到现代大学发展的影响而不断削弱，部分学术团体的决策权也受到了外界的挑战。德国联邦宪法法院于 2010 年发布的关于大学教授自治的模型进一步加强和明确了教授治学和学术自治的导向与定位。其中多项条例提到将高校基本权力赋予教授为代表的教师群体，将权力集中在教学研究和行政管理中，教务委员会有足够的决策权，特别是对控制和制裁、管理学校、任命程序和选举过程。学术界参与学术工作是一项基本权力，能够防止学术工作受到外界其他因素过多的影响，从而使学术工作中的决策更加合理。通过选派教师和学生代表，组建大学自治团队，使学术工作更加有条不紊地开展，减少教学和学术研究开展过程中可能产生的风险，并为专业建设做出贡献。

四、社会力量参与学术治理

（一）多元主体合作治学

在社会参与学术治理方面，让地方政府、行业和用人单位等实务专家参与学术治理中，实行多元主体合作治学。在德国高等教育发展过程中，应用技术大学的产生和发展对德国高等教育体系的变革有重大的影响，对德国的政治经济发展也有不容忽视的作用。作为德国工程师的摇篮和技术创新的源泉，德国应用技术大学的毕业生在德国社会发展和经济建设中扮演着越来越重要的角色①。行业、用人单位或者其他实务专家作为社会力量，积极参与学校的教学管理和日常事务管理中,从全新的视角来整合校内外资源,可以全面提升学校的教学和科研能力,提高科技成果的转化率，通过校企合作，第一时间实现科技的有效转化和投产，促进校企深度融合。同时，企业为德国应用技术大学的学生提供实习实践和就业的平台与机会，开展横向研究，参与学校的发展规划制定、人才培养环节，以及高校和二级学院内部治理的各个环节,教师运用自身专业优势为学生提供针对性指导，同时为企业提供技术支持和培训咨询，积极参与企业的实际研发过程，将学生的教学实践和毕业实习等工作与企业真正有机结合，实现多方位共赢。德国应用技术大学的师资非常重视其实际操作能力和实践经验,除了部分全职教授外,许多师资力量来自各个行业和领域的专家、企业内部从事研发等岗位的相关人员,并将他们作为校外合作导师或特聘教授。德国北莱茵–威斯特法伦州《高等教育法》规定应用技术大学在教授聘任过程中，不仅仅需要关注其教学成效和科研能力，也需要关注教师在实践活动、撰写学位论文、开展学术研究等环节的贡献。实践环节占全部教学时间的比重普遍较大，有人曾对美国、英国、法国、德国的学生的实习实践情况做过调研，发现英国为 15 周，美国为 15 周到半年，法国为

① 韩伏彬，2017. 新建本科院校应用转型之实践教学探讨：德国应用科技大学的启示[J]. 上海教育评估研究，(4):54-58.

27周，德国为72周[①]。

在诸多德国应用技术大学中，科隆应用技术大学是其中规模最大且颇具特色的典型代表之一。该校位于莱茵河畔，1971年由科隆商业高等专科学院、科隆社会工作高等教育学院等8所专科学校合并而成。该校合并成立后一直在德国应用技术大学中名列前茅，极具影响力，是德国应用技术大学卓越七校联盟成员之一，也是北莱茵-威斯特伐利亚大学创新联盟成员和欧洲大学联盟的常务理事单位。目前，该校一共有500多名教授和1.8万多名学生，分布在该校9个不同的校区。由于该校一直以来都有极高的就业率，很多学生慕名而来，在这样的良性循环下，该校的学生就业竞争力一直位于德国前列。同时，由于良好的生源和极高的就业率，该校与国内外很多企业和科研机构有良好的合作基础，进一步提升了学校的科研能力和教学质量，从而使该校在高精尖研究领域有独一无二的研究优势。该校合并前的科隆商业高等专业学院在经济管理等领域具有很好的基础，合并之后这一专业也成为科隆应用技术大学的王牌专业和优势专业，在社会上极具美誉度。除上述专业外，学校在其他各个领域也具有合作项目，包括环境保护、医疗工程等专业领域，因此，该校是一所综合性的应用科技大学。

该校在办学的过程中一直非常注重和当地政府以及社会力量的合作，积极参与志愿服务等社会活动，坚持以市场需求为导向培养应用型人才，提升学校服务地方社会经济发展的能力，得到了来自社会各界的人力、物力、财力支持。学校专注于培养卓越的应用型人才，教学培养以职业为导向，促进课堂知识在社会经济之间的有效转化，坚持服务地方经济，服务地方发展，与社区政府等地方机构保持紧密合作，旨在建设一个具有国际化水平的知识转化平台。就专业设置而言，学校始终坚持服务地方经济，培养符合地方发展特色的应用型人才，及时根据社会需求和经济发展动态调整专业设置和课程安排，全面培养符合地方经济社会发展需求的复合型应用人才。为切实提高毕业生的有效就业率，该校定期举办各类有针对性的招聘会，针对不同岗位的实际需求，整合学术资源和社会资源，将就业工作前置到整个人才培养环节中。就人才培养而言，该校注重培养学生的实践动手能力，结合当地经济社会发展的实际需求，针对市场需求培养具有较高团队协作精神和协作能力的技能型复合型人才；另外，该校积极拓展海外市场，通过与国内外高校合作办学的模式，进一步加强对应用型人才培养和内部治理的革新。

① 孙进，2012．培养高层次应用型人才——德国应用科学大学独具特色的人才培养模式[J]．世界教育信息，(19):23-26．

（二）形成多元利益相关者共同治理模式

德国应用技术大学的内部治理在不同阶段和不同历史背景下发生着变化，体现了传统教育模式和现代大学治理模式之间的有机融合。无论是教授治学模式，还是管理大学模式，都不约而同地受到了不同组群和学术团体的阻碍与抵制。由于不同的历史和学校背景，其必然存在一定的历史局限性。德国联邦和各州的高等教育法也是在不断地完善和发展中，一种高校治理模式的兴起并不是对另一模式的完全否定，而是对原来模式的传承与创新，扬弃与吸收。高校内部治理更多的应该回归治理，回归学术，将权力交到高校每位成员手中，从原来的教授治学转为多元主体合作治学，治学主体不仅仅包括教授，还包括其他教师和学生，同时通过设立理事会，让社会力量参与学院的治学中。学院院长将学术权力归还给学术委员会和理事会，而不是传统意义上的仅以学科建设为主的大学管理制度。学校邀请校外领域的专家参与学科建设与项目论证，积极开展产学研合作，召开社会意见征求会、募集社会资金、落实创业活动等。特别是二级学院内部治理，更加迫切需要社会力量参与其中，从而形成多元利益相关者共同治理模式。

科隆应用技术大学是德国应用技术大学的典型代表。该校一直坚持以学生职业发展为导向的办学理念，重视学生个性化和多元化培养，在大一学习通识课程的基础上，针对不同专业学生的个性化需求，设置具体的专业方向和课程，同时针对学生实习实训等需求，使用长期或者短期集中授课等不同的授课方式，学生拥有灵活自主选择授课时间和课程的权力，使不同学生的个性化需求得到了满足。学校考虑到15%的学生来自其他国家和地区，还增设了外语课程，主要是英语课程，为留学生提供个性化服务。该校提出了“卓越教学计划”，为不同学生提供个性化辅导，充分体现了该校应用型人才培养的理念。通过这个计划，不断提升学校的教学质量，追求卓越的教学品质，定期结合市场实际情况，调整课程和专业设置，这是该校区别于传统大学的显著之处。为了确保该计划的有效落实，科隆应用技术大学还提出了一套完整的教学质量监管系统，从另一个层面确保教学质量的提升和发展。

亚琛应用技术大学和科隆应用技术大学一样，都是成立于 1971 年的德国传统老牌应用技术大学，下设数学、商业研究、设计等专业学科，拥有超过 70 多门学士和硕士学位课程。同时，为了进一步落实该校百年来以实践教育为导向的教育理念，该校合并了多所应用技术大学和职业培训学校，其机械、电气等专业在德国名列前茅。该校下设 10 个院系，共有学生 1.4 万名，其中包括来自世界各地的

2000多名国际留学生，占在校生总人数的15%，拥有教授250名，普通教职员工900名。该校的课程设置注重理论与实践的有机结合，根据当下应用科技的发展设置了不同的学科门类，从而大力提升其教学与科研能力。该校目前坚持应用型教学与国际化办学相结合，与美国、加拿大、英国、法国、澳大利亚等国家的130多所大学签署了合作备忘录，这些学校之间相互可以进行学分转化和学历认证，在该校就读的学生可以申请转往其他国家的合作院校。目前，该校开设的国际学位课程比德国同类高校要多，同时开展双语教学，效果非常好，国际学生可以通过英语授课学到相关知识，并不一定需要有德语基础，一般学制是4年，毕业后授予学士学位。

综上可以看到，国际化是亚琛应用技术大学的一大特色和亮点，该校在生源招募和合作院校等方面的丰富经验，值得我们学习借鉴。就生源招募而言，该校的国际留学生较多，且国际留学生与国内学生在教学、管理等方面具有同等的权力和地位，由州政府落实和负责全部学生的学费。如果有来自亚非拉地区的困难留学生，还可以申请一年一次的助学金。亚琛应用技术大学目前与国外很多高校开展了广泛的国际交流合作，合作院校的学生可以作为交换生，进入亚琛应用技术大学学习。该校目前拥有4本核心期刊和12个应用研究机构，为科学研究提供了场所和平台。同时，该校注重科研成果转化，努力打造亚琛科学技术转化中心，每年投入大量的科研经费和科研人员，注重和企业的对接合作，大力提高了科研成果的转化率。亚琛科学技术研究中心作为一个中间纽带，很好地推进了高校、企业与高校研究者之间的协同合作，将学校教学科研成果转化运用于企业实际生产建设中，提高了社会生产效率和生产规模。同时，该校积极推进研究中心与其他技术和研发中心的合作，有效探索合作渠道，拓展合作模式，运行合作项目，极大地提高了科研成果的实际转化率，各类举措卓有成效。

第二节　德国应用技术大学学院内部治理的启示

通过对德国应用型大学学院内部治理的模式进行研究，我们发现以下特点：第一，内部治理主体权力配置明确，校院两级管理权责清晰，二级学院拥有充分的自主管理权限，院系内部责权关系划分明确；第二，学院内部治理具有利益相关性，主要表现为：治理主体呈现多元性，学术权力与行政权力具有互补性；第三，学术领域的决策权主要在院系，教授在学术管理中发挥主导作用，多元主体参与重大决策；第四，社会力量参与学院学术治理，实务专家在学院学术治理中发挥重要作用。从大学的职能和组织特性出发，借鉴德国应用技术大学具有代表性的学院内部治理模式，将有助于推动我国应用型大学进行学院内部治理改革，建设中国特色的现代大学制度。为优化我国应用型大学学院内部治理，构建更加完善的大学治理体系，需遵照自己发展的共同规律，同时也可借鉴德国在应用型大学学院内部治理方面的一些有效做法和成功经验。

一、明确内部治理主体职责

（一）内部治理权责明晰

德国应用技术大学十分重视内部治理主体的权责，学校的办学目标、规章制度、部门设置等均明晰。大学内部治理的最终目的是保障大学高质量运作，为教师的教学研究和学生的日常学习培养提供服务和保障。因此，我国应用型大学内部治理，包括二级学院的内部治理应该发挥两方面的作用：一方面是对现有人力、物力和财力的有效配置，促进学校或学院的可持续发展；另一方面是对日常工作进行监督检查和及时反馈，保障学校和学院的高效有序运作。我国应用型大学在发展的过程中遇到了一系列问题，包括政策的落地很难，即对政策的执行力不足，很多政策只能停留在政策层面，无法真正落地。

（二）师生拥有充分监督权利

为确保应用型大学的各种决策能够真正得到落实，需要深入高校内部，深入二级学院，深入广大师生，进行多方面、多维度、多渠道的调查研究，确保上级部门制定的政策能够真正落到实处，也就是说除了宏观层面的政策描述之外，还需要提供相应的具体实施办法、指导意见和落实途径，各二级学院应根据自身发展的侧重点按专业制定更具针对性和操作性的措施。同时，在执行过程中，需要强调普通师生员工的参与度，使他们真正了解办学决策制定的过程，保障普通师生员工参与二级学院内部治理的权利，比如，选派师生代表参加各类决策会议和委员会等，使师生权益得到保障，也使普通师生员工可以真正拥有一定程度的决策权。同时，还需要加强对政策落地情况的监督和管理，定期召开反馈会，加强问责制度，确保政策真正落到实处，发挥实效。制定相关规章制度是前提条件，执行相关规章制度是核心环节，这一环节需要政府、企业、高校等多元协同，充分调动各方的积极性和主动性，建立健全问责机制，完善落实监督体系，只有这样才能实现高校内部治理。

二、完善学术委员会制度

（一）保障教师学术地位

学术委员会制度是保障教师学术地位和二级学院内部治理的有效途径，因此，我国高等教育在发展变革过程中一直重视修订学术委员会制度，以期发挥学术委员会的最大作用。应通过改变现有部分高校行政主导的局面，处理好行政与学术的关系，提高行政效能，使行政部门能够更好地服务教师教学和学生培养。同时，也需要充分调动普通教师的积极性，鼓励他们参与学校决策、学生日常管理和学校发展规划制定中。从另一角度而言，高校想要培养应用型人才，对教师也提出了更高的要求，教师不仅仅需要高文凭，同时也需要有相关领域的丰富实践经验，鼓励高校教师进企业、进政府、进到真正对口的专业领域里，提升自身的实践能力。

（二）校院学术委员会相互协同

各高校和二级学院应积极推行现代大学建设，构建全新的学术治理结构，进一步完善学术委员会制度，建立健全学校和二级学院学术委员会，形成层次分明、系统完整的高校学术管理系统。学术委员会成员应由来自不同学科、不同领域的专家教授组成。同时，学校和二级学院应明确执行学术委员会章程，系统梳理和说明学术委员会的作用和地位，发挥其作为学校和二级学院最高学术组织的作用，通过学术委员会对学术领域重大事项进行审议、评价、决策和监督，从而真正激发基础学术组织的创新力，使其为学校学术发展提供决策咨询意见，行使学术权力，参与重大学科调整和研究等学术事务中。学术委员会应当积极主动承担学校和学院委托的学术咨询事项，提出明确且有建设性的意见和建议，定期召开学术委员会会议，听取学校和学院相关职能部门关于人才队伍建设、本科生教育、学科教学、研究生培养、科研工作的报告等，对学校和学院整体建设发展进行深入分析和研究，形成有关情况报告，为学校和学院进一步可持续发展提供决策参考。

三、注重内部扁平化管理

（一）扁平化管理理论为内部治理提供了全新发展方向

随着高等教育改革的不断发展，高校传统教育管理模式的弊端越来越明显，严重阻碍了高校的改革和发展，特别是应用型大学的发展。扁平化管理理论的提出为高校内部治理提供了新的理论依据，也为深化高校内部管理改革提供了全新的发展方向。扁平化管理最初提出的时候是企业为了解决层级机构在事务处理和公司决策过程中造成的困难，扁平化的管理模式可以提高企业办事和决策效率，压缩职能部门和机构。这样的管理模式也同样适用于亟待提高管理效率的应用型大学。高校管理者不再孤立地处于金字塔的顶端，也不再通过一层层下达指定给中层干部和基层教师，而是变成扁平状的组织形式，明确了每个职能部门的职责界限，扩大了管理横向幅度和纵向深度，减少了对管理人员和工作人员的需求，缩减了信息传递的中间渠道，极大地提高了办事和沟通效率，有利于应用型大学内部科学决策。

（二）扁平化管理方式有利于加强师生沟通协调

随着办学规模的逐步扩大，协调管理的工作量也相应增加，要求高校不断提高中高层管理人员的决策水平，调整管理人员的职能，提高管理权限，建立扁平化的管理结构。这种扁平化的管理方式有利于增加师生之间的相互沟通和协调。每一位教师都可以通过简化的组织结构将信息直接及时地反馈给领导，使领导了解最新的情况，提高决策的及时性和准确性。同时，教师可以直接参与学校的决策过程，进一步提高决策的科学性和民主性。扁平化管理有助于激发内部活力，使决策权尽可能地转移到较低的管理层次，给予二级学院充分的自主权，让二级学院对结果负主要责任。这样明确的职责和正确的管理模式有利于提高下级单位的工作积极性，从而提高决策效率和工作效率。高校在各个方面都有自己的特点，如高等教育的教学和研究不同于其他层级，很多研究更加注重个体成效，因此，高校教师的工作相对更加自由，更富有内在的主观能动性。这些特点要求应用型大学采用扁平化的管理模式，实行二级学院自主管理。这样，整个学校就形成了相互理解、相互学习、充分互动、通力合作的团队，从而产生巨大的创造力。高校实行扁平化管理后，二级学院成为高校管理的重心，极大地提高了二级学院的管理自主权，在保障日常运营管理的同时，根据高校总体发展方向，制定自己的中长期发展规划和方向，协调学科发展，统筹人员、资金、财产的配置，实现资源的综合利用，进一步增强二级学院的自主性，促进应用型大学的可持续发展。

四、坚持社会力量参与办学

（一）建立基于内在驱动力的办学机制

我国应用型大学的发展和内部治理往往依赖上级政府部门的指令来实施和完成，学校本身的主观能动性发挥不足。德国应用技术大学发展的经验表明，应用型大学的内在驱动力应来自市场需求，让社会力量积极参与办学，不能仅依赖政府部门或教育机构的政策导向。像A学校一样的地方本科院校受传统高等教育管理的限制，只有通过进一步明确作为地方院校的办学定位和应用型人才培养模式，才能在激烈的高校变革中保持竞争力和活力，才能提升毕业生的就业竞争力，从根本上改变就业竞争力弱和就业质量不高等情况。应用型大学只有面向市场需求，结合当地实际情况，对接当地经济社会发展的迫切需要，主动接轨地方产业和行业需求，才能使学校培养的人才真正成为社会需要的应用型人才，才能提高毕业生的就业竞争力。地方高校在向应用型转型的过程中，应从市场实际需求出发完善这一政策，从本校实际和师生根本利益入手落实这一政策，转型才能取得实质性进展。

（二）聚焦市场需求培养人才和科学研究

应用型大学需要聚焦市场需求导向，围绕学科发展内生逻辑，修订和完善人才培养方案，开展人才培养和科学研究。学校课程的设置不仅需要学校内部教师参与，也需要征求企业或其他用人单位的意见，定期开展课程论证会。建设应用型大学，加强二级学院内部治理，不仅仅要求教师将知识灌输给学生，同时要求提高学生对所学知识的实际运用能力。高校在修订和完善人才培养方案的时候，需要广泛征求意见，结合时代发展的需求，大胆突破学科或者专业壁垒，围绕市场的实际需求，不断完善人才培养方案，打造专业性强的课程资源，强化理论知识的实际应用和研究，提升学校人才培养方案与市场需求的匹配度、教学计划与人才培养体系的相关度、教师队伍与课程体系的关联度，以及学生素养与社会需求的契合度。作为培养应用型本科人才的战略目标，传统的理论教学模式已经不能满足培养实践型创新人才的需要，在课堂上不仅要注重课程内容，更要注重学生分析能力和解决问题的能力。比如，在程序设计课程中，教师应该充分关注学生的动手实践能力、逻辑思辨能力和编程能力，在课堂增加实践的机会，使学生的实践技能得到切实有效的提高。在教学环节中应坚持以学生为主导的理念，注重理论知识与实践操作的有机结合，过于传统的一言堂授课方式，会让学生失去对知识的渴求，降低学生动手操作的能力。

目前，我国应用型大学科研成果的转化率不高。鉴于这种情况，学校应坚持社会市场需求为导向，在研发和课题审批前进行充分调研，考虑选题的实操性和应用性，在研发过程中根据实际情况的变化及时调整研究思路和方法，在研发后应充分发挥各级、各类科研成果孵化中心的作用，将科研成果与实际运用有机结合起来，充分发挥其应有的社会价值。首先，高校应该加强与全国甚至全世界同类学校之间的沟通和联系，定期召开教师或者学生座谈会，进行跨学校的沟通学习，鼓励高校教师和学生跨校、跨国开展科研合作。其次，积极与地方产业或者专业研发机构开展项目合作，共同研发高精尖的科技成果，充分发挥高校教师在理论知识方面的优势，同时也要充分利用合作的研发机构拥有的优势，如财力上的支持、人力上的补充或物力上的帮助。最后，加强校企合作，政府应为企业制定一系列切实可行的优惠政策，提高企业与高校开展各类合作的能动性。

本章小结

德国应用技术大学在应用型大学建设上取得了明显成效，在学院内部治理方面积累了较为丰富的经验。德国应用技术大学的办学理念强调与社会实践的有机结合，致力于培养应用型人才，在学院内部治理上，德国应用技术大学普遍采用相互制约的决策、落实、监督的治理机制，形成了学校高层管理权责明确、教授占据决策主体地位、师生积极参与内部治理、社会力量参与学术治理等特点。德国应用技术大学学院内部治理的经验对完善我国应用型大学二级学院内部治理的启示：明确内部治理主体职责、完善学术委员会制度、注重内部扁平化管理、坚持社会力量参与办学。

第六章　我国应用型大学二级学院内部治理的完善策略

运用文献研究、调查研究、案例研究和比较研究等方法，依据教育内外部关系规律理论、委托代理理论、利益相关者理论和协商治理理论，提出应用型大学二级学院内部治理主体互动关系模型，并运用它分析我国应用型大学二级学院内部治理的基本模式、主要特征和存在问题及原因。同时，在借鉴德国应用技术大学学院内部治理经验的基础上，从制度体系、治理结构、组织架构、运行机制 4 个维度构建应用型大学二级学院内部治理优化策略。

第一节　建立实现多元共治的制度体系

高校及其二级学院组织依靠一套完整的制度才能实现其目标和理念，治理结构便是其能实现组织目标的制度集合。作为承担人才培养、科学研究、社会服务等功能的实体组织，二级学院要得到有效运行和可持续发展，需要建立多元共治的制度体系，充分调动利益相关者参与学院内部治理的积极性和主动性。大学章程是大学治理的根本准则，而在实际治理过程中，落实大学章程的重要保证是具体规章制度，通过完善大学章程内容、创新二级学院内部治理规章制度，实现多元共治制度体系建立的目标。

一、完善大学章程

二级学院的权力配置主要依赖校院两级管理体制下，学校对二级学院的内部授权，所授权力的种类、大小会因不同学校制度规范的差异性而呈现异同，而从授权的溯源角度来看，二级学院的权力主要来自高校章程的制度性规定，而章程立足于大学的主体地位，规定了大学同外部主体、内部主体之间的权责利及运行机制，是推动现代大学发展和有效运行的根本保证。因此，完善应用型大学二级学院内部治理，首先要从应用型大学二级学院涉及权力的制度性规定入手，完善大学章程。

（一）根据事权相宜原则，明确内部治理主体之间的关系

（1）明确校院权力配置。根据委托代理理论，学校和二级学院是委托代理关系，学校是委托人，二级学院是代理人，围绕高等学校人才培养、科学研究、社会服务等职能目标，学校下放办学资源、权力给二级学院，二级学院作为代理人要为学校的目标实现努力工作，学校需要对二级学院进行激励和约束。二级学院的一切权力都是来自学校的授权，学校的授权是否合理直接决定二级学院办学治院的积极性。通过大学章程文本发现，在制度规定上，大学章程明确了二级学院在人才培养、科学研究、社会服务、国际交流合作等方面的职能，是具体服务的实施主体；有些大学章程规定学校在校院两级运行过程中，要求实施事权相宜和权责相统一原则，在人、财、物、事等方面赋予学院相应管理权并给予规范，学院则在学校的指导和监督下相对独立地运行，还对学院职责、党组织职责、院长职责、学术委员会职责、教代会职责等作了规定，但是这些规定中最大的问题是没有明确校院之间内在的权责关系，只是对大学应该承担的任务进行了分解。应用型大学需要在章程中理清校院权责关系，明确提出人、财、物、事等方面权力的分配原则。人事管理权按照“以人为本、精简高效、人尽其才、人尽其用”原则，合理配置人力资源，健全“竞争、激励、约束、淘汰”机制；财务管理权按照“一级预算、两级管理、公开透明、自主理财”原则，日常办学经费依据学院发展指标落实划拨，竞争性经费通过竞争获得；资产配置权按照“标准配置、杠杆调控、资源共享、物尽其用”原则，进行标准化配置，综合运用经济杠杆等政策手段进行调节，实现资源共享，做到物尽其用，提高使用效益。事项管理权分清校院两级的事项责任清单，职责明确。同时，也需要考虑不同专业布局的二级学院在应用型建设上的特性需求，特别是文科类、理工科类二级学院的差异，提出由学校制定能够适应不同类型二级学院需求的权力事项清单。

（2）明确学院内部治理主体职责。通过学习德国的经验，我们可以发现德国应用技术大学十分重视高校内部治理主体职责，学校的办学目标、规章制度、部门设置等均责权明晰。组织的整体目标就是协调利益相关者的利益，利益相关者理论认为各个利益团体应该对管理决策发挥直接的影响作用。基于利益相关者理

论，二级学院内部治理是一个多元主体治理，就是要推动各利益相关者积极参与二级学院内部治理，以内部有效治理为突破口提升人才培养质量。只有调动各治理主体的积极性，才能更好地维护利益相关者的利益，保证所有利益相关者利益的最大化。因此，根据应用型大学二级学院内部治理主体之间的多维关系模型，当要素之间的关系达到理想的平衡状态时，由此形成的二级学院内部治理是合理的、协同的、圆融的，能够推动应用型大学高质量发展。在大学章程中，不仅要明确行政权力的行政管理主体地位，而且还要明确学术权力在学术事务上的主导地位、民主权利的监督地位，另外也要明确内部治理主体之间的关系。

（3）明确外部社会主体权责。从教育外部关系规律来看，潘懋元先生认为教育作为社会的一个子系统，与整个社会系统及其他子系统之间存在着相互关系的规律，简称教育外部规律①。根据教育外部关系规律，应用型大学二级学院内部治理及其运行机制，还会受到学校、外部社会等主体的影响。目前，大学章程中只在校级层面明确了设立理事会，定位是支持学校发展的协商、咨询机构，理事会通常由大学的举办者、资助学校办学的理事单位、知名校友、社会贤达、校内外知名专家以及学校领导、师生代表等人员组成。但在二级学院层面没有设立理事会，也没有明确外部社会主体是如何参与二级学院内部治理的。对应用型大学二级学院内部治理来说，需要客观认识到其所处的外部环境，敏捷地应对外部社会主体的多元需求，正确处理好与外部社会主体之间的关系，以应用型为导向，及时调整优化内部治理，积极回应外部社会主体的需求，并在此过程中对外部主体产生积极影响。因此，在大学章程中，不仅要明确外部社会主体的权责，而且还要明确外部社会主体是如何参与二级学院内部治理的，外部社会主体与内部管理主体是什么样的关系，两者之间又是怎样协同的，这一点对应用型大学建设特别重要，也是应用型大学区别研究型大学的一个重要方面。

（二）按照内部治理主体内在关系，明确运行机制

（1）在章程中各主体运行机制不健全。根据应用型大学二级学院内部治理主体之间的多维关系模型，协调状态的关系，能够推动应用型大学高质量发展。反之，消极对抗的关系，会阻碍应用型大学高质量发展。应用型大学二级学院内部治理主体关系要达到理想的协调状态，除了在章程中明确配置二级学院内部治理各主体的权责外，还应明确二级学院内部治理各主体的运行机制，只有运行机制

---

① 潘懋元，1990．教育外部关系规律辨析[J]．厦门大学学报(哲学社会科学版)，(2):1-7.

是完善的，才能实现二级学院内部治理各主体理想的协调状态的关系。就本文梳理分析的国内 41 所应用型大学章程文本来看，在学校内部治理中，就学校与二级学院之间实行两级管理体制，大部分应用型大学都作了制度性规定，但对于二级学院内部治理的运行机制，在章程中阐述得较为宏观、简要，大部分仅作出原则性规定，篇幅也较少，缺乏明晰的界定和明确，尤其是对学术权力和民主权利的运行机制很少涉及。

（2）在章程中明确各主体运行机制。高校章程作为学校最高的规范性制度文本，对高校办学定位、权力配置、组织架构、运行机制等作出了明确的规定，是指导学校发展的根本性制度文件。二级学院是应用型大学重要的办学主体，深刻决定着学校的办学水平和人才培养质量，而二级学院内部治理主体的关系及其运行机制又直接影响着学院的管理水平。因此，应该从大学章程的制定和完善为起点，明确规定校院两级管理体制，对二级学院与学校的关系、二级学院应该享有的权力事项及动态调整等作出明确的界定。围绕内部治理主体之间的关系，明确二级学院内部治理主体的权力边界，明晰在二级学院内部的制度平台，理清各治理主体之间的运行机制。另外，还需要进一步理顺二级学院与外部市场、社会之间的关系，建立外部社会力量参与应用型大学二级学院内部治理的运行机制，积极利用外部社会力量推动二级学院适应市场发展对人才素质能力的要求，提高敏感性、动态适应性。比如，在章程中，明确应用型大学二级学院建立学术治理委员会，成员不仅包括二级学院内部的教授代表、行政管理者代表、师生代表，而且还包括校外行业企业等实务专家的代表。通过这样的设置调整，有利于落实学术权力在学术事务中的主导地位和民主权利的监督地位，更有利于调动外部社会力量真正参与大学内部治理，实现校内外合作治学的目标。

二、创新规章制度

（一）建立二级学院自主运行的制度体系

规章制度是为实施管理，规范活动和相关人员行为，机关、团体、企事业单位等在其职权范围内制定并颁布的规范性文件，具有行政约束力。二级学院规章制度一般由高校行政部门遵照上级文件要求进行统一制定和下发，二级学院的职责一般仅限于落实和执行，这种自上而下推行的办法，存在着内在契约性缺失的问题。应用型大学的章程应在对校院两级、二级学院内部、二级学院与外部社会力量等方面的关系、组织架构等作出规定的基础之上，重点围绕二级学院内部各治理要素的有效运行，在规章制度上进行细化，以便形成一套具有指导性、规范性、可操作性的二级学院内部治理制度规范体系。由于在管理中，学校与二级学院之间的核心功能没有理清，一方面，部分二级学院承担了许多非必要的职能；另一方面，又与一些学校组织机构的必要职能产生严重交叉，两级管理中职责分工不清的情况比较普遍。

通过案例分析发现，学校对二级学院应该下放哪些权力事项缺乏明确的指导性规则，导致同一学校不同的二级学院在对待权力事项下放的态度上表现较大差异，既有积极要求学校放权的二级学院，利用各项“政策红利”把握发展机遇；又有对学校下放事权态度消极的二级学院，认为承接权力能力较弱、压力较大，一时难以适应。造成这一问题的原因较多，其中不同二级学院的办学历史、专业特性、发展规模、管理水平等差异是重要原因。特别是二级学院面对学校下放的事权，如果在内部治理上没有形成规范有序的制度体系，就容易导致在治理实践中难以承接。

（1）要围绕应用型大学建设过程中二级学院应该需要哪些权力事项展开深入的调查，结合校院两级管理体制的发展趋势，理清学校和二级学院的权力事项，制定二级学院内部治理权力事项清单及其动态调整机制。应用型大学在人、财、物配置及事项管理权落实上要根据其特性进行安排，在此基础上，重点围绕二级学院履行权力事项能力，推进二级学院内部治理能力提升工程，确保学校下放的权力，各二级学院能够接得住、用得好、出成效。

（2）根据二级学院内部有效履行内部权力，以及各项权力行使的主体、制度平台等需求，制定完善明晰的事项清单和运行规则。例如，二级学院党委会、党政联席会议、学术委员会、教职工代表大会和学生代表大会等应该行使哪些权力事项，如何推动学院的决策权、执行权、咨询权、参与权等有序运行，各权力主体之间的互动合作等都需要明确。

（3）要根据二级学院内部某项权力的行使制定完善明晰的实施细则，提高学院人、财、物资源的配置效率和治理绩效。应在加强学院党委（党总支）领导作用的基础上，进一步完善二级学院学术权力、民主权利行使的制度保障和运行机制，提升学术委员会在学科建设、专业发展、人才培养上的指导作用和决策地位。

（二）建立多元主体参与内部治理的制度体系

通过学习德国的经验，我们可以发现应用型大学不同于一些综合公立大学，应用型大学的内在驱动力应来自市场需求，让外部社会力量积极参与办学，而不仅仅只是围绕政府导向办学，政府部门或者教育机构的政策导向应该是高校发展的辅助而不是根本动力，需要建立一套促进二级学院与外部社会力量有效合作的制度体系。在应用型大学二级学院内部治理中，引入外部社会力量主体，如企业、政府、社会组织等，积极参与二级学院在学科方向、专业建设、课程建设等方面的决策咨询、资源支持，以此满足应用型大学培养“应用型”“创新型”人才的需求。因此，在规章制度方面，需要进一步理顺二级学院与外部社会力量主体之间的合作共赢机制。

浙江省教育厅、浙江省发展和改革委员会、浙江省财政厅发布的《关于积极促进更多本科高校加强应用型建设的指导意见》明确提出，高校人才培养要面向社会需求，高校应建立行业企业和用人单位参与的大学理事会制度、专业指导委员会制度，并对参与成员的比例作出规定；行业企业和用人单位专家应积极参与学科专业设置评议和人才培养方案的共同制定；教学质量的评价应有社会参与等。

这些政策文件为深入推进应用型大学二级学院内部治理提供了宏观指导和方向支持。通过二级学院理事会、校友会等组织，积极将行业领域、实务部门的业务骨干、管理精英纳入学院内部治理过程，推动专业建设、科学研究贴合社会发展前沿、契合行业发展需求，从而实现二级学院与外部市场之间的良性互动发展。而作为坚持社会主义办学方向的高等学校，充分体现社会主义人民民主、参与治理的特性。在加强党的领导基础上，建立健全师生员工参与学院公共事务治理的渠道、平台，充分发挥他们参与治理的积极性、主动性，在协商民主、参与治理中回应师生的利益需求，形成内部治理的合力。

第二节　创建反映互动关系的治理结构

根据应用型大学二级学院内部治理主体之间的多维关系模型（成长阶段），内部权力的关系经历了一个不断发展演变的过程，从单向直线模型向双向互动模型转变、再转向平面多维互动模型，最终形成一个互动模型。应在坚持党的领导的基础上，注意以下 3 个方面：一是高等教育进入普及化后，二级学院的招生规模呈扩大趋势，对教师的人才引进力度更大，二级学院教师数量、在校生规模都呈增长状态。面对庞大的二级学院组织，在日常教学、科研、学生管理上的事务越来越多，政策制定、执行的权力链条越来越长，多元主体间沟通协调耗费的时间成本越来越多，学院的行政管理效率也大打折扣。因此，需要一个执行有力、管理高效的行政管理主体。二是崇尚学术、尊重学术，营造一个良好的学术氛围，充分发挥教授、博士等高层次人才在学术前沿把握、专业方向建设的优势地位，同时引入社会力量参与二级学院内部治理，发挥行业企业实务专家的作用，建立学术治理委员会，实行多元主体合作治学。三是充分发扬民主参与机制作用，以协商参与的方式收集二级学院教职工诉求最强烈的议题，创新协商方式、平台，优化协商流程和方法，化解学院内部矛盾；同时，就学院发展规划、专业发展、学科建设等重大事项，进行广泛的讨论、协商，形成发展共识，实现全体师生权利共享，为二级学院发展提供内生源动力。因此，在坚持党的领导的基础上，应用型大学二级学院应围绕内部治理，创建院长负责、合作治学、民主监督的多维互动模型。

一、落实行政主体的双重职责

根据应用型大学二级学院内部治理主体之间的互动关系模型，院长是推动学院教学、科研日常运转的主要力量，既要参与共同决策，又要接受党组织的领导，还要对教授的学术权力行使给予指导、资源保障，以及接受师生的民主监督。在应用型大学建设背景下，落实院长负责，关键在于二级学院内部治理应进一步理清行政权力与学术权力之间的权责关系，进一步落实以院长为代表的行政主体的“双重职责”，行政管理权的重点在于保障学院内部的高效运行，学术管理权的重点在于跟踪把握学术前沿，引领学科发展、专业建设，提升学院的内涵，进而提高学院的学术声誉和专业建设特色。

（一）明确院长行政管理职责

在二级学院办学过程中，院长是学院行政方面的主要负责人，全面负责教学、科学研究、行政管理和其他工作，定期向教职工代表大会报告工作。在高校内部，通过岗位设置和专业技术职务制度，将教职员工划分为专业技术人员、教辅人员、行政管理人员等系列，通过高级职称、中级职称、初级职称制度，形成了纵横交错、具有层级制特征的人员结构，进而依据岗位类别和职称等级，从事管理、服务、教学、科研等活动。在二级学院内部，也是据此形成了不同系列、层级的人员结构，履行相应的职能，由此保障学院政策运行。其中，在二级学院内部运行过程中，围绕办学资源、办公用房、专业建设、学科建设等核心业务，院长身上具有“双重职责”，既有保证学院日常运行的行政管理职责，又有推动学院内涵提升的学术管理职责。在应用型大学二级学院实际运作过程中，以院长为代表的行政权力与以教授为代表的学术权力之间显现内在的张力，甚至容易出现行政权力侵蚀、取代学术权力的可能，从而影响二级学院内部治理的效能。解决这对矛盾的关键是要进一步明确院长的行政管理职责。

院长是二级学院的行政负责人，履行行政管理职责是院长的主要责任，把行政管理权力交给院长，有利于院长统筹使用学校委托的权力，从而保障学院有序运行。院长需要切实履行好行政管理职责，主动扛起行政管理主体责任，为学院创造一个良好的发展环境。院长要通过建立完善的行政管理机构、健全的行政管理制度机制，以及建设一支富有战斗力的行政管理队伍，保障二级学院日常工作的高效运行。

要保证院长行政管理职责有效履行，关键是要建立院长主动接受师生监督的机制。院长在行政管理过程中要实行民主管理，一方面要健全学院教代会、学代会制度，同时要加强制度的执行，真正让师生代表参与学院的重大决策中；另一方面也要建立民主协商机制，在制定制度政策或作出重大决策之前，院长要充分开展调研，听取师生的意见建议，不断通过民主协商的方式，集中集体的智慧，从而作出更合理的决策。

（二）理清院长学术管理权责

从学术权力运行来看，《高等学校学术委员会规程》明确了学术委员会的地位、角色、作用，明确了学术委员会是校内最高学术机构，统筹行使学术事务的决策、评议、评定和咨询等职权，对于规范行政权力与学术权力之间的关系，探索教授治学、推进现代大学治理等方面，具有重要的指导意义。在校级层面，学术委员会行使的职权涵盖了高校学科建设与科学研究、专业建设、招生、教学评价、人才培养、专业技术聘任、学术道德规范等方面，涉及教师、学生的核心利益。在人员构成上，学术委员会由不同学科、专业的教授及具有正高级以上专业技术职务人员组成，且规定担任学校职能部门党政领导职务委员、不担任党政领导职务的及院系主要负责人的专任教授的人数标准，从而保证学术权力的行使，并最大可能避免行政权力的干扰和侵蚀。

对二级学院来说，处理好以院长为代表的行政权力与以教授为代表的学术权力之间的关系，对优化二级学院内部治理、提高运行效率具有重要意义。从具有正高级专业技术职称的人员数量来看，教授处在专业技术职称层级的顶端，是学术上取得较多业绩、在专业领域具有话语权的群体，但在学校教职员工数量中占较小的比例。尤其是应用型大学，大多是地方性高校，教授的比例更少。因此，在“学而优则仕”的文化背景下，学校职能部门、二级学院的主要负责人，大多具有正高级专业技术职称。这就造成在二级学院内部治理过程中，以院长为代表的行政管理者，既是行政权力的行使者，又兼具学术话语权。在二级学院内部，不担任行政领导职务的专任教授数量较少，在学术委员会成员中占比不高，且二级学院院长通常担任本学院学术委员会的主任，容易导致在行政权力和学术权力的行使过程中，以行政权力代替学术权力，在应用型大学二级学院内部治理主体之间的互动关系模型中，行政权力与学术权力是模型的两翼，任何一方的缺失都会导致整体结构失效。应用型大学二级学院的院长应充分发挥其在学术上的地位，发挥院长在学术治理中的引领、示范作用，重塑学术治理体系，从烦琐的行政管理事务中解脱出来，运用行政手段推动学院学术水平提升，发挥学术委员会的作用，确保学术委员会统筹行使学术事务的决策、评议、评定和咨询等职权，保障以教授为代表的学术权力得到充分行使，同时，支持学术治理委员会实行合作治学，改变原来用行政权力代替学术权力的做法，重点推动行政权力与学术权力协同运行，形成内部治理合力。

二、实行多元主体合作治学

（一）重构学术治理体系

在英国和美国的大学治理传统中，遵循公共规则的行政权力与崇尚学术规则的学术权力之间形成了“双层治理结构”，这被认为是大学内部治理的“理想类型”[①]。然而，随着国家、大学与市场之间法理关系的深刻变革，传统高等教育哲学观与知识生产模式都经历了重大转变，这就要求在理论上重构院校层面的学术治理体系[②]。在实践过程中，应用型大学二级学院要更好地贯彻“学术自由、教授治学、民主管理”等经典大学治理核心理念，在保持二级学院本身具备的科学性、发展性的同时，形成一套可行的自我管理、自我约束的监督机制，面向社会依法办学，理清内外权责关系，构建多元主体参与合作的治理模式[③]。对我国应用型大学二级

① 左崇良，2013．现代大学的双层治理结构探索[J]．中国高教研究，(2):21-25.

② 刘向兵，姚荣，2016．应用型大学内部治理结构变革的法理依据与模型建构[J]．中国高教研究，(6):56-59.

③ 李智，2017．地方高校院系内部治理结构优化研究——以南昌大学为例[D]．南昌大学硕士学位论文．

学院来说，一方面，要主动出击，走入社会、走向市场，敏锐地发现社会市场对人才的知识能力新需求，及时调整人才培养方案、课程体系。另一方面，在内部治理中要加大外部主体参与治理的制度设计和机制安排，改革二级学院学术委员会，在此基础上探索建立学术治理委员会，作为学术委员会和理事会的融合平台，让校外学者、专家，以及地方政府、行业和用人单位等的实务专家参与二级学院内部治学中，实行多元主体合作治学。要明确学术治理委员会的人员组成。为保证学术事务的方向性和敏感性，同时实现内部治理主体之间的相互协作，一方面，要把本学院的教授代表、院长、书记等纳入学术治理委员会；另一方面，要把企业、政府机构、社会组织等各领域工作的精英，邀请进入学术治理委员会，实现政产学研教融合，削弱行政权力对学术权力的干扰，让学术权力回归学术本身。在学术治理委员会的人选上，二级学院的院长、书记列为当然成员，由教授主导的传统教学和科研事项仍由学术委员会主导，行业企业参与的教学和科研事项由学术治理委员会主导。

（二）形成多元利益相关者协同治理机制

从高等教育的目的来看，潘懋元教授提出高等教育要主动适应社会主义市场经济发展的需要，并且按照教育自身的价值、特点、规律来办教育[①]。高等学校作为国家培养高层次人才的重要载体，通过对大学生进行 4 年左右的专业教育，最终将各类专业人才输入社会，进入各行各业的工作岗位。人才培养的质量如何、专业设置适应市场需求度多高、课程教学内容契合人才素质能力匹配度多高，这些指标直接指向高校专业办学水平。现代社会发展瞬息万变，科技创新、网络化、信息化深刻改变了经济社会发展模式，对各类人才的素质能力提出更高要求。而高等学校的专业设置、课程体系、实践平台等调整优化滞后于社会发展需求，这就造成高校培养的人才供给与经济社会发展的人才需求相脱节，尤其是地方性高校，由于其发展定位就是服务区域经济社会发展需求，一旦人才供给和需求脱节则会导致学校发展陷入困境。因此，打破高校内部自我构建的封闭藩篱，面向社会、紧跟市场，引入外部力量参与内部治理，成为地方性高校转型发展的必然选择。应用型大学建设正是基于这一发展背景下的主动性变革，应积极转变办学理念，培育办学特色、提升服务能力，准确把握生源特点、区位优势、专业类型、资源条件，适应区域经济社会发展的新形势、新需求，增强知识应用、动手实践、

① 储著斌，2016．潘懋元教授现代大学治理思想述评[J]．黑龙江高教研究，(3):5-9.

职业岗位、创新创业等方面的能力培养，融入地方产业转型发展过程，形成高校与地方的合作互动。应用型大学二级学院以做强现代产业学院为突破口，最大限度地挖掘利用外部资源，建立产学研合作基地、创新创业园、实践基地等各类平台，推动二级学院实施“走出去”与“引进来”战略，广泛吸纳企业、政府、社会组织、个人等主体参与二级学院内部治理，形成多元利益相关者协同治理机制。

（三）最大范围调动师生参与学术治理的积极性

在应用型大学建设过程中，一个突出的特征就是二级学院与外部社会力量建立密切的联系，以服务社会、服务市场为导向，为地方培养人才。在人才培养的目标定位、课程体系设置、实践技能训练等方面，会随着外部环境的变化而做出积极的应对和改变；同时，二级学院也会从外部社会力量获取更多的办学资源支持，涉及二级学院教师、学生的资源配置和利益分配将更加频繁。因此，在应用型大学建设过程中，师生是实现二级学院发展的主体，需要最大范围调动师生参与学术治理的积极性。

（1）发挥行政组织的推动作用。以院长为代表的行政管理主体组织更多的师生参与学术工作，比如，搭建学术沙龙、博士论坛、学术讲坛等学术活动平台，以及建立学术团队导师制等载体，让师生有更多的机会参与团队学术工作。以院长为代表的行政管理主体还可以围绕师生的职业生涯规划，实施师生职业发展提升计划，将师生参与学术工作与自身的发展密切联系起来，从而激发师生参与学术治理的主动性。以院长为代表的行政管理主体应建立健全二级学院教代会制度、学代会制度，凡涉及二级学院发展和师生切身利益的重大决定交由教代会或学代会讨论决定，增强师生参与学术治理的主人翁意识。

（2）发挥学术组织的促进作用。作为大学内的最高学术机构，学术委员会统筹行使学术事务的决策、评议、评定和咨询等职权。从成员组成来看，学术委员会的主要成员都是教授，因此教授代表师生行使学术权力，师生直接行使学术权力非常有限，需要对现有的学术权力行使作一定的调整。一方面，需要改革现有的学术委员会制度。在学术委员会成员中增加非教授的师生代表成员，同时在学术委员会下面成立教师发展委员会、学生发展委员会、教学工作委员会、科研工作委员会等非正式学术机构，在各个非正式学术机构中也要增加非教授的师生代表成员，从而有利于各个层面的学术人员都能行使学术事务职权。另一方面，完善学术决策制度。在学术委员会进行学术决策之前，设置民主协商环节，学术委员会成员就决策议题需要充分听取所在基层学术组织其他成员的意见建议。

三、实现全体师生权利共享

（一）发展全过程师生民主

教师是高等学校开展人才培养、科学研究、社会服务的具体实施者，学生是学校人才培养的对象，教师和学生构成高等学校的行为活动主体。如何在日常的教学活动中，充分调动教师、学生的积极性和主动性，提高学校的人才培养质量、产出更多的科研成果，关系到学校的内涵提升。对二级学院来说，如何以学生为中心，尊重并推动落实教师的主体地位，切实关心并回应师生的利益诉求，是提高二级学院内部治理效能的重要内容。而最大限度地发挥协商民主的作用，畅通师生利益诉求渠道，建立师生民主参与治理机制，则是重要途径。党的十九大报告明确提出，发挥社会主义协商民主的重要作用，有事好商量，众人的事情由众人商量，统筹推进包括基层协商在内的 7 大协商渠道，形成完整的制度程序和参与实践。党的十九届六中全会提出，必须坚持以人民为中心的发展思想，发展全过程人民民主。从民主的形式来看，有选举制民主，也有协商参与式民主，前者以代议制选举产生民主的代言人为标志，行使民主权利的时间点具有间断性，属于形式民主；后者是以事务性事项的决策为代表，协商参与的主体就是身边的群众，参与形式广泛、参与程序要求不高、协商的议题主要涉及具体的利益，行使民主权利的时间点具有持续性，属于事务性民主。党的十九大报告提出的社会主义协商民主，特别是基层协商、社会组织协商就是广泛存在于城乡基层的民主参与形式；党的十九届六中全会提出的全过程人民民主，也就是要将协商民主参与贯穿到涉及群众利益事项的全过程、各阶段，充分地尊重和听取他们的利益诉求并给予有效的回应。

在二级学院内部治理中，有学院教职工代表大会、学生代表大会等民主参与制度，设有工会、团委、学生会等群团组织，收集和反馈师生有关学院发展大计、切身利益的意见诉求。但从民主参与形式、参与内容、参与频率来看，教职工代表大会、学生代表大会举行的频次较低，会期短、议题少，选举民主的意蕴更深厚，师生代表难以就自身关注的重要事项、切身利益等进行充分的表达和协商；工会、团委、学生会在二级学院内部以行政权力为主导的情境下，难以就师生反映的问题，给予及时有效的回应。应该让更多的师生参与学院内部治理中，建立二级学院协商参与治理模式具有重要的意义[①]。当前民主权利虽然行使不够充分，但可以通过建立科学合理的治理机制，逐步广开参与渠道。通过多种参与方式激励教职工和学生选择合理正当的途径表达诉求，并在完善的参与制度保障之下，维护民主权利行使过程中的合理合法。

（二）建立协商民主参与治理机制

在实践中进一步理清二级学院内部治理中师生民主参与的权责关系，以教职工代表大会、学生代表大会等会议制度为依据，以工会、团委、学生会等群团组织为载体，将教职工、学生应该享有的民主参与权利落实到具体的事务之中，以师生关注的民生问题为导向，充分发挥协商民主参与的机制作用，坚持二级学院重要事项协商于决策前、决策中，落实反馈于决策后，事关学院发展大计、师生切身利益的重要事项协商于决策全过程，形成有效的协商民主参与治理机制，实现从形式民主向实质民主的转变，师生由被管理者转化为治理主体。提高教代会中普通教师和专业技术人员的比例，使教师真正成为教代会的主体，摆脱行政权力对教代会的影响，明确教代会的监督方式和监督程序，树立教代会权威。根据基层协商民主的理论指引和技术操作指南，将涉及教师、学生利益的重要事项，通过协商治理的程序和方法加以解决，制定二级学院师生协商议题征集、参与协商人员安排、协商会议召开与主持、小组讨论、表决与结果公开、决议执行与效果监督等规则、流程、方法和技术，实现二级学院教职工民主权利行使的规范化、常态化。

第三节　搭建遵循应用逻辑的组织架构

结构追随战略，当一所高校的发展定位发生了改变，那么它的组织形态、运行机制也需要作出相应变革，以更好地适应环境变化和自身发展。大学的组织目标、价值取向与其组织结构的设计密切相关。应用型大学的本质属性和核心理念是“应用性”，即在人才培养、科学研究、社会服务等方面实现应用性，为此必须形成一个基于知识应用的开放性组织体系，而非封闭性的组织体系。然而，根据章程文本分析和案例分析，目前大多数应用型大学还是依托原来的组织架构服务

---

① 张雷生，2017. 高校院系内部治理结构现状调查研究[J]. 高校教育管理，(3):30-40.

社会，尚未建构起符合应用型大学发展的组织实体来发挥其社会服务功能。面对新的历史使命和时代要求，应用型大学应遵循应用逻辑进行系统设计，大胆改革，整体推进，突破体制机制束缚，重新进行组织建构。

一、建立扁平化的行政组织

当一所高校将应用型大学作为自己的办学定位之后，那就要改变原来的学科逻辑，转为应用逻辑进行应用型大学建设，在履行人才培养、科学研究和社会服务等职能过程中，能够对经济社会的需求做出及时、有效的反应。而为了实现这一目标，应用型大学二级学院要建立信息反应灵敏、任务调整灵活的内部行政组织，以利于外部信息和资源及时有效地进入组织内部体系。

（一）正确处理“校—院—系”之间的关系

从调研结果来看，目前大多数应用型大学的行政管理在制度上实行校院两级管理，但在实际运作过程中，由于二级学院行政管理的负担较重，因此二级学院将部分行政职能下放给所属基层学术组织（系），实际上就形成三级管理。一方面导致基层学术组织（系）需要承受行政管理的负担和责任，影响其学术管理职能的履行；另一方面也导致管理层级增加，影响行政效率。处理好“校—院—系”之间的关系，首先要使行政管理的职能只能到二级学院，不能层层下放到所属基层学术组织（系），减少行政层次，提高行政效率。基层学术组织（系）主要承担专业学科建设等学术管理的任务，不再承担行政管理的任务，集中精力围绕二级学院的发展目标，做好人才培养和内涵建设工作。

（二）有效处理“问题”与“内容”之间的关系

更多地运用科层制进行协调和控制，这在大学组织管理领域是比较常见的，但在学术领域则主要不是科层制发挥作用。德国应用技术大学注重扁平化管理，每一位教师都可以通过简化的组织结构将信息直接、及时地反馈给领导，使领导了解最新的情况，提高决策的及时性和准确性。同时，教师可以直接参与学校的决策过程，进一步提高决策的科学性和民主性。目前，我国应用型大学的行政组织基本上还是按照科层制建立的，科层制的优点是内部分工明确、上下层级分明，但是缺点也是非常明显的，如过度强调组织成员严格照章办事。过度的照章办事会产生形式主义的弊端，即组织成员将把照章办事本身视为首要的甚至唯一的行动准则，而真正的组织目标反而不被人重视，从而影响行政效率；组织成员更多的是关注部门利益，很难以问题为导向形成合力，另外，对外界变化不灵敏，降低了组织的调节和适应能力。应用型大学的特性决定了科层制的行政组织不利于组织目标的实现，应用型大学二级学院的行政管理需要从“泛行政化”向“企业化”管理模式转型，建立坚持市场导向、创业思维、使命聚焦、精干高效、协同开放等价值导向的“企业化”管理模式。这样的行政管理，与行业、企业、社区及地方政府保持密切互动和沟通，持续增加应用型大学二级学院组织变革的动力，增强应用型大学二级学院行政人员的“市场嗅觉”。行政组织的科层制也必须被打破，形成“类企业”的扁平化组织结构。

（三）明确行政组织的职责和定位

教学组织和科研组织在二级学院的学术事务中起主导作用，行政组织支持、服务教学组织和科研组织，形成行政权力与学术权力的协调统一。因此，需要构筑以服务为导向的新型行政职能系统，使二级学院的组织机构更适合市场、学生的需要。基于上述分析，需要对应用型大学二级学院的行政部门作出调整，将下放到基层学术组织（系）的行政职能予以收回，让基层学术组织（系）专心行使学术管理职能。根据调研结果，应用型大学二级学院一般下设办公室、教研科、学生科 3 个职能部门，可以将这 3 个职能部门改为市场部、教务部和学生发展部，同时增加战略规划部、人力资源部，强化三级组织联系市场、研究市场、对接市场、服务学生的职能，同时也增强二级学院作为办学实体的独立自主运行的能力，有利于更好地实现应用型大学办学的理念和使命。

二、构建应用型的教学组织

（一）完善人才培养模式

人才培养模式是指高校“在一定教育思想指导下，培养目标、教育制度、培养方案、教学过程诸要素的组合”“是为实现人才培养目标而把要素加以有机组合的一种系统结构”。通过传授基础理论、专业技能使人才能适应社会发展需要，具备职业岗位所需的素质技能是应用型大学的人才培养目标，这一目标是通过对新知识、新技术、新发现的运用，有效解决生产、管理和服务一线的关键问题来实现的。与研究型大学不同的是，应用型大学的人才培养模式具有自身的特点，在促进学生个体的成长和发展，达到培养的人才具有“理论知识扎实、专业知识面广、实践能力强、综合素质高、并具有较强的科技运用、推广、转换等能力”的同时，还需满足地方经济社会发展需要。

应用型大学强调人才的专精实用和实践能力，这与学术型大学注重人才培养的宽口径、厚基础是不同的。对传统人才培养模式的明显路径依赖，这是目前在调研中发现的应用型大学存在的主要问题。部分高校虽然将培养应用型人才作为办学的主要任务，把办学目标定位为应用型大学，但受原有办学思路和办学模式的影响，仍然会采用以更名大学作为提升办学层次，以取得重点学科、平台、实验室、国家级项目和人才等作为提升办学水平，以申硕、申博作为提升人才培养层次等方式进行应用型大学建设，实际上却远离了应用型大学的本质和特点。

例如，在教学内容设计和教学过程方面，学生的学习内容还是主要来自书本，学习空间也主要在教室，实践动手能力、创新创业能力不足，缺乏应用型人才培养过程中倡导的项目化教学、现场操作教学、案例式教学等，是以灌输式的课堂讲授为主。应用型大学的本质和特点决定了应用型办学要求教师成为“双师双能型”，一方面，教师应具备系统扎实的理论知识；另一方面，还应具备较强的实践教学能力。《关于引导部分地方普通本科高校向应用型转变的指导意见》也明确提出加强“双师双能型”教师队伍建设。应用型办学，要求学生在学习方式上作出调整，注重实习实践，积极参加社会实践锻炼，深入实践教学基地和行业企业，更要在思想上转变观点，密切关注经济社会发展对人才的新要求，获得社会需要的创新能力、研发能力和实际操作能力。因此，构建应用型的教学组织首先要根据应用性人才培养要求完善人才培养模式。

（二）变革基层学术组织

大学是“底部沉重”的组织，要实现应用型转型，必须推进基层学术组织变革，激活学术心脏地带。《关于引导部分地方普通本科高校向应用型转变的指导意见》中提出，应用型本科高校的转型发展要“建立紧密对接产业链、创新链的专业体系”“创新应用型技术技能型人才培养模式”“深化人才培养方案和课程体系改革”“加强实验实训实习基地建设”等。从转型发展的任务要求来看，应用型大学应该从依赖学科逻辑构建人才培养模式、课程设置体系和实习实训基地，转为从产业和职业逻辑来培养人才。应用型大学最大的特点是其专业具有鲜明的职业性、应用性。从普通教育的学科体系向应用教育的工作体系转变是应用型大学改革的根本点，这是由应用型大学的职业性、应用性决定的。专业建设从培养学生胜任职业能力所需要的技术知识和能力展开。随着产业的转型升级，职业和岗位需求也随之发生了变化，对办学的灵活性、开放性、时效性等也提出了新的要求。

应用型办学相对于传统办学难度更大了。因此，原来的大一统治理结构已经无法适应这种应用型办学需要了，基层学术组织是具体开展教学、科研和社会服务的实体型学术组织，必须推进基层学术组织变革，以此增强专业、课程设置及人才培养等方面反应的及时性、灵活性与针对性。应用型大学要形成“校—院—学科”3 级组织构架，行政工作实行“校—院”两级管理，学术管理的重心在基层学术组织，学校的学术资源要逐步下移到基层学术组织，这样的调整有利于应用型大学快速应对社会对人才培养需求的变化。

“战略决定结构，结构追随战略”，在明晰了应用型大学的战略任务之后，基层教学组织有义务来承担此任务。以“专业管理”范式为主体的教学组织结构，已不能适应应用型大学内部管理体制的创新改革要求。因此，应用型大学的战略规划，应转变为以专业为单位的系或教研室模式，改变以“课程管理”范式为主的形式，建立课程中心，以跨专业融合、项目、任务的驱动实现基层教学创新，充分挖掘教师个人潜能，增强二级学院活力，形成高效、灵活的“赋能”组织形态，例如，西安欧亚学院根据市场推广、品牌建设、产学合作、质量管理、教师发展、国际交流等新赋予二级学院的职能，设置二级学院内部组织，同时对教学科、学生科、办公室等传统部门进行整合优化。近几年，西安欧亚学院在授权基础上进一步推进改革，加强基层学术组织建设，改革传统的教研室架构，实施课程小组模式，每个二级学院的教学系统按照扁平化的课程小组进行组织。西安欧亚学院对教学组织的改革，极大地调动了师生参与教学建设的积极性，取得了明显成效。

三、打造竞争性的科研组织

市场竞争机制被逐步引入高等教育领域，高等教育治理体系也进行了市场化改革，形成了“类市场化治理模式”。注重基于实践问题的集成创新，将发现的客观规律应用于生产实际是应用型大学科学研究的特征；注重以技术转让、咨询服务甚至创办公司来直接服务区域经济发展是应用型大学社会服务功能的特征。任何组织的建立与变革都是为了适应目标需要的，大学组织结构定位于关注本科生教育或科学研究，则其组织结构是完全不一样的。当前，很多应用型大学在学科专业类型及布局上与研究型大学类似，但由于没有突出应用性的办学特征，导致缺乏可持续的发展动力，对地方经济社会发展的支撑度也不高，陷入依附式发展困境。因此，对应用型大学而言，积极主动开展应用型科研及社会服务，探寻与研究型大学不同的特色发展之路，是其实现差异化发展的有效途径。一般来说，应用型大学应主要围绕区域创新体系建设开展研究，但也有一些应用型大学不顾学校现有的科研基础和研究水平，将科学研究视作提升学校大学排名和提高社会声誉的捷径，高度重视各类高级别的纵向课题，重视理论性研究，而忽视了各类能解决区域经济社会发展实际问题的横向课题。教育部等发布的《关于引导部分地方普通本科高校向应用型转变的指导意见》提出要推动应用型大学把办学思路真正转到服务地方经济社会发展上来，为地方经济社会发展提供人才和技术支撑，在向应用型转型发展的宏观背景下，要求应用型大学深度融入地方经济社会发展，由学科驱动转向社会和产业需求的应用驱动，围绕应用型人才培养，在核心工艺、关键技术和共性问题上开展应用型科学研究成为应用型大学的必然选择。

《关于引导部分地方普通本科高校向应用型转变的指导意见》非常明确地提出要建立行业企业合作发展平台。建立学校、地方政府、行业、企业和社区共同参与的合作办学、合作治理机制。积极争取地方政府、行业、企业的经费、项目和资源在学校集聚，合作推动学校转型发展。为地方经济建设和行业发展服务，促使科研与经济结合，是高校科研工作的主要任务之一。科研工作与当地经济发展的结合度，很大程度上体现一所高校在区域经济和社会发展的影响力。以培养高层次应用型人才为根本任务的应用型大学，只有在服务地方经济社会发展上做出特色，才能在科研工作上体现应用性。在服务地方经济社会发展过程中，要坚持以“有作为才有地位”“以贡献求发展”的思想，进一步增强开放合作意识，紧紧围绕地方经济社会发展的需求，着力构建一个与区域经济社会发展相结合、具有鲜明特色和明显优势的应用研究体系，在学校与行业企业、地方政府的良性互动中实现“双赢”。

一般来说，因为横向课题体现了应用型科研的社会服务成效，应用型大学的科学研究侧重于横向课题，但同时也应积极从事纵向课题研究，因为有的纵向课题是建立在一定的理论研究基础之上，这些课题的研究内容是教师从事应用型科研服务的基础。因此，应用型大学的科研组织应该具有鲜明的竞争性，既要有面向社会开展服务的优势，又要有利于提升内涵的特点。

（1）共建研发中心或科研平台是应用型大学科研组织直接解决社会问题的有效形式。高校是国家科技创新的重要组成部分，是企业从事技术创新的重要支持机构，应用型大学应通过与企业联合，建立集教学、科研与生产于一体的研究中心，以及围绕地方政府的经济建设和基层社会治理需求，建立具有地方特色的科研平台。多元主体参与的科研组织，有利于应用型大学将创新优势转化为经济优势和智力优势，与企业、政府之间保持长期和稳定的合作关系。比如，绍兴文理学院与绍兴市人大常委会联合建立了绍兴市地方立法研究中心，建立了长期稳定的合作关系，取得了初步成效。

（2）建立协同创新组织是应用型大学科研组织“问题导向”的政策范式。“2011 协同创新中心”的高校协同创新模式强调以协同创新为合作纽带，是以高校为主体，广泛吸纳科研院所、行业企业、地方政府以及国际创新力量，为实现人才、学科、科研三位一体创新能力提升而开展的大跨度整合创新组织，包括建立面向科学前沿、行业产业、区域发展以及文化创新大需求的四类协同创新模式[①]。以协同创新的方式建立和完善应用型大学“问题导向”的政策范式，突破传统单一学科视野的局限，把握学科交叉发展的新趋势，积极探索基于问题或项目的跨学科、跨专业的科研组织形式，通过形态多样的项目组推进组织的矩阵化，致力于应用型大学科研组织的多样化创新。

（3）建立智库也是应用型大学科研组织主动作为的一种有效形式。智库作为专门开展政策研究的学术研究机构，服务于政府的决策需要，既是新时期高校应用型科研服务的新模式，也是高校内部生产政策知识和政策思想，培养政策研究人才，并通过知识转化以影响政策制定和实施过程[②]。它主要通过各类公共政策建议或决策咨询报告为地方政府提供决策咨询，有利于提高应用型大学在地方中的地位。

（4）应用型大学除了满足经济社会发展实际需要之外，还需要注重提高自身的核心竞争力，加强内涵建设，开展高层次的纵向课题研究和发表高水平的学术论文。但是，目前应用型大学二级学院科研实力不强，缺乏教授、学科带头人等高层次人才，教师参与科研工作的积极性也不高，传统的基层学术组织缺少学术氛围，学术交流机制也不健全，很难将教师组织起来开展高质量的学术研究，基于学科建设的学术创新团队是应用型大学竞争性科研组织的一种有效方式，通过学术创新团队，以学科方向为依据，将学术骨干凝聚起来，并通过引进或培育学

① 李爱彬，经曼，2016. 2011 协同创新中心组织管理模式与机制研究——以首批行业产业类协同创新中心为例[J]. 现代教育管理，(8):50-55.

② 文少保，2015. 高校智库服务政府决策的逻辑起点、难点与策略——国家治理能力现代化的视角[J]. 中国高教研究，(1):34-38.

科带头人，以项目制的方式开展有组织的科研工作，这样的科研组织有效解决了应用型大学二级学院科研竞争力不强的问题。

第四节　打造彰显高效协同的运行机制

完善的运行机制是应用型大学二级学院实现治理目标的前提。闵维方认为，高等教育的运行机制即“高等教育系统的各个构成要素之间，以及与高等教育系统运行密切相关的其他社会经济因素之间相互联系和相互作用的工作方式”①。应用型大学二级学院内部治理的运行机制就是应用型大学二级学院与内部利益相关者相互联系、相互作用的方式，实质上是内部治理主体的协调机制，根据应用逻辑建立决策机制、执行机制和监督机制。

一、建立统一协调的决策机制

（一）建立与应用型办学方向一致的决策机制

应用型大学要想实现成功转型，就需要学校具有与其应用型定位相符合并能体现其特点和优势的决策机制。人们对应用型大学履行社会服务功能具有较高的期待，但我国应用型大学的社会服务功能既缺乏外部政府和企业支持机制，又缺乏内部各项职能的协调机制。许多应用型大学在社会服务上，通常不是以政府和企业的实际需求为驱动力，使社会服务工作缺少可持续性。因此，应用型大学在转型实践中应建立与社会经济结构、办学方向相一致的决策机制，使人才培养、科学研究、社会服务最大限度地服务地方经济社会发展，促使转型后更具生命力。应用型大学要在坚持党的领导基础上，建立“院长负责、合作治学、权利共享”的决策机制，发挥党政联席会议、学术治理委员会、学术委员会等决策组织的作用。坚持党政联席会议讨论和决定本单位重要事项；坚持让“最有资格的人进行学术决策”，落实学院学术治理委员会和学术委员会对学术问题的决策权，二级学院的行政决策权主要由党政联席会议履行，二级学院的学术决策权主要由学术治理委员会和学术委员会履行，其中涉及学院内部教学、科研和学科建设等日常学

① 闵维方，2001．社会主义市场经济条件下高等教育运行机制的基本框架[J]．高等教育研究，(4):28-34.

术管理的事项主要由学术委员会履行学术决策权，涉及学院重大学术研究事项以及社会参与的学术事项则由学术治理委员会履行学术决策权，党政联席会议对学术治理委员会和学术委员会的学术决策事项具有监督否决权。

（二）形成内部治理主体协调运作机制

二级学院内部治理主体之间形成有效的协调运行机制，是提高二级学院决策水平的关键。“院长负责”主要体现在对党委重大决策的贯彻落实，根据学校授权独立负责地开展教学、科研和行政管理工作，通过综合服务实现事务管理目标，致力于提高人才培养质量，提升科学研究水平，增强社会服务能力。“合作治学”主要体现在遵循高等教育规律，发挥学术共同体的作用，设立学术治理委员会，克服原来学术委员会或者教授委员会的弊端，邀请校外学术专家、实务专家、师生代表等都参与进来，改变原来行政权力替代学术权力或者少数人行使学术权力的不良局面，保持应用型大学始终坚持追求真理和解决社会现实问题的有机结合的理念。“权力共享”主要体现在应用型大学二级学院在内部治理过程中构建的民主决策机制，以提升决策的科学性，通过协商民主的方式让广大师生和行业企业、地方政府、社区、校友等都有机会参与内部治理。

（三）重塑应用型决策机制

（1）构建科学决策的中枢系统。构建应用型大学二级学院科学决策的中枢系统，就是不断完善党政共同负责制，建立健全内部治理主体协调运作机制，当要素之间的关系达到理想的平衡状态时，由此形成的二级学院内部治理是合理的、协同的、圆融的，能够推动应用型大学高质量发展。

（2）构建科学决策的支持机制。建立社会参与机制，在二级学院设立的教师发展委员会、学生发展委员会、课程建设委员会、资产管理委员会中，建立健全由政府部门、企业、社会团体以及社会公众积极参与决策和咨询的工作机制，加强与社会外部主体的沟通和联系，扩大决策信息来源，确保社会公众的知情权和参与权。

（3）建立决策辅助机制。通过调整职能部门职责，增加战略规划部、人力资源部等部门，致力于为二级学院重大决策搜集整理信息，分析内部资源状况，研究外部竞争环境，为二级学院重大决策提供强有力的信息服务和咨询。

（4）完善科学决策的程序规则。完善党政联席会议、学术治理委员会、学术委员会的议事规则，对于议题的提出、讨论的程序、表决的方式等，都应该有明确的制度规定，并理清相互之间的功能定位、职责范围。特别要强化学术治理委员会的功能职责，将教师发展委员会、学生发展委员会、课程建设委员会、资产管理委员会作为学术治理委员会的分支机构，集中审议和决定学术重要问题。

二、构建问题导向的执行机制

（一）明确执行主体职能

决策执行的过程是决策的延续和深化，这是一种再决策的过程。决策并不仅仅是对大学“有重大的影响的决策……决策就是记载备忘录，就是回答问题，就是整理草稿。这些行为不是决策的前导，它们就是决策”①。在实践中，应用型大学很多改革决策最终失败的主要原因是没有达成凝聚决策执行力的共识，没有与从事实际操作的利益相关者进行再决策。参与决策和执行决策过程中，涉及的利益相关者越多，就越需要及时、广泛、透明地公开再决策。公开再决策的意义在于继续协商是否可能执行决策，虽然在很多情况下，它可能会遭到利益相关者的反对。如果利益相关者能够参与影响他们工作的决策制定，就最有可能提供完全的合作。任何决策，如果没有参与决策及共同负责执行的利益相关者的真心支持，都很难获得成功。治理只有在利益相关者竭尽全力的支持下才能成功。在决策的实际执行过程中，执行主体职能不清，存在部分职能执行者与行政职能实施者既当裁判员又当运动员的现象。需要改变应用型大学二级学院的行政管理部门、教学管理部门和科研管理部门的官僚主义作风，管理者要树立服务意识，多为教职工进行符合职业发展规划的工作安排，将教职工的职业发展目标和学院的持续发展目标统一起来，让教职工乐于为学院做贡献，从而有利于学院将各项决策执行到位。

由于应用型大学二级学院的教学管理、科研管理、行政管理等部分，纵向上要面对学校众多职能部门的领导和指挥，横向上需要协调学院内部教师之间、学生之间、师生之间的各种关系。在此背景下，一方面，要求校级职能部门根据工作实际，合理定位职责分工，围绕一项任务明确哪些工作是由学校职能部门来完成，哪些工作是由二级学院职能部门来做，而不是将工作任务简单地分解到各二级学院，或者是学校与学院重复性地做同样的事，另外，也要根据管理重心下移

① 罗伯特·伯恩鲍姆，2003．大学运行模式:大学组织与领导的控制系统[M]．别敦荣译．青岛：中国海洋大学出版社，205．

的实际情况，逐步下放管理权限，让二级学院职能部门有更多的自主权；另一方面，二级学院要围绕决策内容，明确教学管理部门、科研管理部门和行政管理部门的职责分工。在应用型大学二级学院内部，行政管理部门包括战略规划部、市场部、学生发展部、人力资源部等联系市场和面向社会需求的部门；教学管理部门包括教务部、基层教学组织（系）、课程组等3级管理组织；科研管理职能主要通过学术创新团队来完成，这样设置行政、教学和科研等职能部门，就能改变原来的应用型不强、执行效率低下的现状，3 类职能部门既能做到分工明确，最大限度发挥各类职能部门的作用，又能做到相互协同，围绕目标任务的实现起到相互配合的作用。

（二）建立跨部门利益协调机制

由于应用性的特性决定，应用型大学二级学院在执行决策过程中必须是简约高效的，这样才能保证及时回应社会需求。在决策执行过程中，需要协调众多的利益相关者，而各利益相关者在应用型大学内部治理过程中追求的利益各异，在大学运行过程中难免会发生冲突，建立健全科学的利益协调机制是应用型大学二级学院提高决策执行力的关键。现实中，应用型大学二级学院跨部门工作协同往往存在互相推诿、沟通不畅、协调困难等低效率现象。例如，围绕提高人才培养质量的目标，教务管理部门和学生管理部门都有相应的职责，但当涉及的工作内容有交叉的时候，如果未进行有效沟通，就容易出现相互扯皮的现象。制约应用型大学二级学院跨部门工作有效协同的因素主要包括部门利益冲突、部门结构差异、部门之间有效交流机制缺乏、部际协同监督缺失等，应当构建以程序协同和结构协同为基础，以矩阵式管理为手段的跨部门工作协同机制。以问题为导向，根据应用型大学二级学院在实现发展战略目标过程中需要解决的实际问题，重塑执行程序。将需要解决的问题转化为项目，实行项目制管理，各职能部门围绕项目内容开展协同工作，直至完成。这样的做法有利于打破原来以横向块状内容进行工作分工的局面，从而保证问题的快速解决。

三、健全快速响应的监督机制

（一）加大师生的内部治理参与权

在大学治理的全过程中应体现人民民主。高校民主监督机制是由利益相关者通过一定的方式监督大学治理，有内部监督和外部监督两种方式。内部监督主要是指教师、学生或由他们组成的组织等大学内部利益相关者的监督，外部监督指由政府、社会、社区或其他组织等大学利益相关者的监督。民主监督可以及时发现行政管理和学术管理中出现的问题，为完善大学治理提供意见建议，如果没有健全的监督机制，决策执行过程中就会出现偏差，内部治理就很有可能出现混乱的局面。对科学决策的监督实际上包括对决策过程的监督和对决策结果实施的监督两个部分①。二级学院的内部监督，既要注意宏观层面的内部治理主体之间的相互协调发展问题，又要注意微观层面的科学决策形成后的贯彻落实问题。应用型大学二级学院在内部治理的运行过程中，只有体现运行高效的特点才能形成自己的核心竞争力，为此，在构建应用型大学二级学院内部治理运行机制的过程中，可以参考企业内部治理运行机制的模式，建立一套“决策—执行—监督—决策”的运行机制。在监督环节，最重要的是拓展监督者范围，加大教师和学生的参与权，确立民主治理机制，健全常态化质量监督评价流程，建立外部利益相关者的沟通反馈机制。

监督机制是应用型大学二级学院内部运行机制完善的重要保障。随着校院两级管理的推进，政府部门将权力下放给学校，学校再把权力逐步下放给二级学院，使应用型大学二级学院实现有效管理成为可能。作为大学教育中两类重要的参与主体，教职工、学生也是健全快速响应监督的主体。因此，在大学治理内部监督上务必发挥这两类主体的作用，一方面是在大学治理中体现人民民主的需要，另一方面是激发两类主体参与大学治理内在积极性的需要。根据典型案例分析发现，应用型大学二级学院存在教职工参与学院事务管理的热情普遍不高的现象，出现这一问题的主要原因是二级学院没有给予教职工充分的参与权，教职工只是拥有形式上的参与权，但长期缺乏实质性的参与权，导致教职工参与学院内部治理的意识和能力都比较弱。在二级学院的办学治院过程中，应重视教职工这一治理主体的作用发挥，应当建立民主治理机制，尊重每一位教职工，让每一位教职工都有话语权，加大教职工的参与权。只有加强工会的上下组织协调功能，建立矛盾协调机制，针对二级学院管理运行过程中出现的政治利益、经济利益等方面的矛盾，切实维护教职工的合法权益，赢得教职工对学院工作的支持，才能更好地调动教职工参与学院工作的积极性。在决策之前以及执行过程中，应建立民主监督机制，加大教职工的知情权、参与权、监督评议权。各个行业主体在参与公共事

① 者昌贵，2010. 我国高校决策失误的表现、诱因及控制[J]. 高教探索，(4):25-29.

务过程中，应当保持长效对话机制①。

在实践中，学生群体难以真正参与二级学院内部治理。当前，亟须建立一个有效的对话、互动平台，及时传递学生的诉求信息，反馈学生的利益诉求，实现学生对学院决策的执行进行监督。二级学院良好的监督和反馈，可以调动学生参与的积极性，促进民主决策顺利执行。学生参与决策监督的能力始终是个问题，为保证学生参与治理的效果，学院要集中培训学生代表，以便学生代表能快速融入新角色并进入状态。学院应下放权力，扩大学生参与内容范围，拓宽学生参与途径，开展深层次的协商对话等，在学生参与内容和形式上作出调整。从参与内容上看，既要参与与学生息息相关的日常学习生活管理，也要参与学院发展规划制定、人才培养方案制定、课程设置等核心议题。从参与途径上看，既要充分利用学生会、研究生会、学代会、研代会和座谈会等传统的途径，也要重视和发挥各类工作群、网站留言区、微信公众号等新媒体网络平台的作用。

（二）积极培育相关社会监督组织

大学作为与外部社会密切联系的组织，在大学治理中必然需要社会监督，即社会组织、社会公众等作为大学治理的利益相关者，监督大学的各种活动或事务的决策、管理及运作，并据此影响大学权力的运行和结构，分享大学发展成果和过程。许慧清认为，高校的社会监督是一种非正式的监督机制，它使每一个对该组织关心或有疑问的人，有权利、有渠道对高校进行监督，具有范围广、影响大、方式灵活等特点②。社会监督相当于给高校一个较强的自律激励，自律与他律相结合，能够发挥出正式监督机制所不能替代的作用③。目前，我国应用型大学的社会监督机制不完善，改进应用型大学二级学院监督机制，从外部利益相关者来看，应当积极培育相关社会监督组织。社会组织作为应用型大学发展的重要监督力量，在推进应用型大学内部治理的过程中依然要发挥好监督作用，成为完善大学治理的主体之一，有利于及时发现实践中的偏差。应用型大学二级学院要围绕产教融合、协同育人等办学目标，与地方政府、行业企业、科研院所等建立沟通反馈机制，以学术治理委员会为平台，邀请各方共同参与建立以人才培养为核心的评价体系、质量反馈系统，建立健全常态化质量监督评价流程。社会监督组织参与教师发展委员会、学生发展委员会、课程建设委员会等校内组织，不断改进与调整

---

① 侯浩翔，钟婉娟，2016．学生参与高校治理的价值逻辑与机制建构[J]．教育评价，(6):72-75.

② 许慧清，2013．大学外部治理视野中的社会监督[J]．中国高教研究，(1):82-85.

③ 严瑛，2006．高校监督系统的构建[D]．南京师范大学硕士学位论文，21-22.

协同目标、协同方式和评价机制，及时发现不符合社会发展需要的建设情况并进行反馈。

本章小结

应用型大学人才培养目标要始终契合区域内经济社会发展对各类人才的需求。二级学院作为办学主体，应紧紧围绕应用型人才培养的目标要求，构建基于应用逻辑的二级学院内部治理。本章从制度体系、治理结构、组织架构、运行机制 4 个方面，提出了应用型大学二级学院内部治理的完善策略，即完善大学章程、优化规章制度，建立实现多元共治的制度体系；落实行政主体的双重职责，实行多元主体合作治学，实现师生权利共享，创建多维互动关系模型的治理结构；建立扁平化的行政组织、应用型的教学组织、竞争性的科研组织，搭建遵循应用逻辑的组织架构；建立统一协调的决策机制、构建问题导向的执行机制、健全快速响应的监督机制，打造体现高效协同的运行机制。

第七章　研究结论与展望

本研究选取应用型大学建设作为研究对象，将其办学实体二级学院作为观测点，以内部治理为切入点进行研究。在对应用型大学二级学院内部治理相关文献资料进行归纳、研读与分析之后，进行核心概念界定与理论分析框架构建。从制度体系、治理结构、组织架构和运行机制 4 个方面，进行大学章程文本分析，并进行典型案例分析，通过文本分析和案例分析总结得出我国应用型大学二级学院内部治理的基本模式和主要特征。在此基础上，从内部治理主体之间的关系出发，查找问题并进行原因分析。结合德国应用技术大学学院内部治理改革的启示，对完善我国应用型大学二级学院内部治理提出相关对策建议。通过研究，得出以下主要结论。

一、研究结论

（1）应用型大学二级学院内部治理主体之间是多维互动关系。通过对高等教育内外部关系规律理论、利益相关者理论、委托代理理论、协商治理理论等的基本观点，以及应用型大学二级学院内部治理的适用性分析，提炼出应用型大学二级学院内部治理的核心要素，其核心价值理念是内部关系如何根据外部变化情况进行动态调整。随着应用型大学不断发展，在学校内外部各种影响因素的综合作用下，应用型大学二级学院内部治理主体之间的多维关系模型也发生了变化，日益接近实践需要的应然状态，形成应用型大学二级学院内部治理主体之间成长阶段的多维关系模型。当治理主体之间的关系达到理想的协调状态时，由此形成的二级学院内部治理是合理的、协同的、圆融的，能够推动应用型大学高质量发展。反之，如果治理主体之间的关系是对抗的、消极的、不协调的，由此形成的二级学院内部治理是不合适的、有缺陷的、低效率的，难以推进甚至会阻碍应用型大学高质量发展。通过调整二级学院内部治理结构，使其由平面状向立体化方向转型，从而带动治理效能整体提升，为后续研究提供分析框架。

（2）我国应用型大学二级学院内部治理的基本模式是党政共同负责制，表现为纵向行政机构与横向学术机构相结合、内部治理主体相互交叉、社会力量有限参与内部治理等主要特征。从组织架构、运行机制、治理结构、制度安排 4 个方面来分析其基本模式及主要特征。在坚持党的领导基础上，党政共同负责制具体包括行政管理机构和学术管理机构两类组织机构，形成了以党政联席会议为主的决策机制、以专业委员会为主的执行机制、以教代会和学代会为主的监督机制 3 大运行机制，通过党委（党总支）、党政联席会议、学术委员会、教职工代表大会、学生代表大会 5 项制度保障运行。党政联席会议是二级学院重大事项的议事与决策制度，保障二级学院内部治理体系的顺畅、高校、有序。应用型大学与研究型大学相比，没有数量庞大的教授群体，学术委员会主任一般也是由院长兼任，在推进应用型大学建设过程中，党委（党总支）保障了政令畅通，运转高效。应用型大学二级学院当前一般是自上而下的科层管理，二级学院是学校内部的二级组织，之下设置系（基层学术组织），为内部第三级治理体系，这样形成上下分明的层级管理结构；在二级学院各项事务的处理方式上多采用行政化命令的方式，行政化色彩十分鲜明。院长、副院长等行政领导班子，在二级学院内部治理中主要负责行政事务，代表行政权力。学术权力则由以教授为代表的教师群体行使，而院长、副院长往往兼有教授身份，他们在行使行政权力的同时，在学术权力中也有较为权威的话语权，从学术委员会人员构成中院长一般作为学术委员会主任就能够明显看出。教职工和学生是民主权利的行使主体，通过学院教职工代表大会、学生代表大会等方式参与二级学院内部治理，起到民主监督的作用。

（3）我国应用型大学二级学院内部治理的失衡是内部治理要素之间的矛盾冲突在实践中的具体呈现和反映。我国应用型大学二级学院内部治理要素之间存在一些亟须解决的问题，如面对外部社会快速发展变化需要二级学院及时更新人才培养目标、能力体系、课程体系时，有时难以决断；行政权力和学术权力是二级学院内部治理的两翼，有时会出现行政权力影响学术权力的现象；一些学校的师生参与二级学院内部治理的积极性难以调动，学术权力行使不够充分。二级学院内部治理存在校院两级管理推进乏力、内部治理主体错位现象严重、社会参与治理浮在表面、内部自主运行效率低下等问题。透过现象看本质，从内部治理上究其原因，主要是应用型大学二级学院制度体系缺乏变革创新、治理结构缺乏整体设计、组织架构缺乏应用特性、运行机制缺乏系统调整。学校关于应用型大学建设的目标虽然都已经确定下来，但是对应用型大学的内涵理解得还不够清晰，建设内容还不够明确，在学校与二级学院两级权力配置等内部治理上，虽然出台了一些文件或者采取了一些措施，但学校下放的权力不够充分，不能真正调动二级学院实体运行的积极性。校院两级权力配置还存在权责不对等的问题，学校把许多办学资源和决策权力把握在自己手里，把更多的业务事项和责任下放给二级学院，导致二级学院所获得的权力和所承担的责任不对等，影响了应用型大学办学成效和二级学院干事创业的积极性。校院两级管理体制改革实质性推进有些滞后，财权、人事权没有随着事权的下放而同步下放或下放不够彻底，学院没有真正成为办学主体。尽管部分应用型大学二级学院学术委员会等学术组织一般都建立了章程，但在实际执行中没有按照章程履行职责，有些章程对学术委员会职责的规定不够明确，存在学术委员会决定事项与党政联席会议决定事项相互交叉的问题，最后往往是很多重要事项由党政联席会议代替学术委员会作出决定，学术委员会与党政联席会议的职责边界不清，两者之间如何发挥协同作用的机制不明确。部分二级学院的民主监督管理相对比较滞后，监督体系还不能完全适应新的形势和要求。存在一些二级学院不开或少开教代会的情况，开会仅仅是审议院长工作报告，也存在涉及师生利益的重要制度文件或改革推进，以党政联席会议代替教代会的情况。还存在提交议案少且缺少反馈，有些问题得不到及时有效解决等，师生对二级学院办学决策过程不够清楚，限制了师生民主权利行使的情况。相应制度建设不够完善，常态化的沟通机制不够健全，部门针对问题的解决反馈不够快速，导致师生行使民主权利不充分。外部力量并没有真正意义上参与二级学院的内部治理，两者之间具有可持续性的合作机制尚未建立起来。

（4）通过研究德国应用技术大学二级学院内部治理，得到的启示是完善应用型大学二级学院内部治理应明确内部治理主体配置、完善学术委员会制度、注重内部扁平化管理、坚持社会力量参与办学。德国应用技术大学十分重视高校内部治理主体配置，学校的办学目标、规章制度、部门设置等均责权明晰。因此，我国高校内部治理，包括二级学院的内部治理应该发挥两方面作用：一方面是对现有人力、物力和财力的有效配置，促进学校或者学院的可持续发展；另一方面是对日常工作进行监督检查和及时反馈，保障学校和学院的高效运转。改变现有部分高校行政主导的局面，处理好行政与学术的管理，提高行政效能，使行政部门能够更好地服务教师教学和学生培养。同时也需要充分调动普通教师的积极性，鼓励他们参与学校决策、学生日常管理和学校发展规划制定中。应用型大学应转变“五唯”观点，调整师资引进的标准和要求，提高具有实践经验的教师占比，破除唯学历论。对在编在岗教师，也需要适当调整考核方式，提高实践能力的考核比重，不能唯论文、唯课题论，应优化知识结构，使之适应应用型大学的要求。扁平化管理理论的提出为高校内部治理提供了新的理论依据，也为深化高校内部管理改革提供了全新的发展方向。高校管理者不再孤立地处于金字塔的顶端，不再通过一层层下达指定给中层干部和基层教师，而是变成扁平状的组织形式，扩大了各个管理部门的管理职能，减少了管理层次和所需的管理人员，上下级之间信息传递的渠道缩短，信息传达效率大幅度提高。德国应用技术大学不同于一些综合公立大学，其内在驱动力来自市场需求，让社会力量积极参与办学，而不是政府导向，政府部门或者教育机构的政策导向应该是高校发展的辅助而不是根本动力。

（5）完善我国应用型大学二级学院内部治理需要建立实现多元共治的制度体系、创建反映多维互动的治理结构、搭建遵循应用逻辑的组织架构、打造彰显高效协同的运行机制。应用型大学二级学院作为承担人才培养、科学研究、社会服务的实体组织，其要得到有效运行和可持续发展，需要建立实现多元共治的制度体系，充分调动利益相关者参与学院内部治理的积极性和主动性。大学章程是大学治理的根本依据，基于管理实际需要的具体规章制度是落实大学章程的重要保证，应通过完善大学章程内容、创新二级学院内部治理规章制度，实现多元共治制度体系建立的目标。完善大学章程，在章程中合理配置各治理主体，明确校院权责关系，合理配置学院内部治理主体，明确外部社会主体权责；在章程中明确各治理主体运行机制。创新二级学院规章制度，建立一套促进二级学院高效运行的制度体系、促进二级学院与外部社会力量有效合作的制度体系。应用型大学二级学院内部治理涉及校内、校外多元主体，形成较为复杂的关系网络。从应用型大学建设的理念、目标、定位分析，二级学院要围绕着人才培养、科学研究、社会服务等职能，主动适应外部社会、市场环境的变化，并结合学院自身的发展情况及时进行调适和完善。因此，应用型大学二级学院内部治理要形成反映多维互动的结构。根据章程文本分析和案例分析，目前大多数应用型大学还是依托以前的组织架构服务社会，尚未建构起符合应用型大学发展的组织实体来发挥其社会服务功能。面对新的历史使命和时代要求，应用型大学应遵循应用逻辑进行系统设计，大胆改革，整体推进，突破体制机制束缚，重新进行组织建构，建立扁平化的行政组织，构建应用型的教学组织，打造竞争性的科研组织。应用型大学二级学院要实现治理目标离不开完善的运行机制，应用型大学二级学院内部治理的运行机制就是应用型大学二级学院与内部利益相关者相互联系、相互作用的方式，实质上是内部治理主体的协调机制，应根据应用逻辑建立统一协调的决策机制、问题导向的执行机制和快速响应的监督机制。

二、研究创新

（一）研究主题创新

纵观国内外已有的研究成果，一方面从“校办院”转向“院办校”逐渐成为大家的共识，但这一过程如何来实现，目前各所应用型大学都还在探索之中，缺乏对现实情况进行实证研究。另一方面，关于大学治理的研究已经非常多，针对大学内部治理的研究也不少，研究的重点主要集中在校级层面，对二级学院内部治理的研究还是比较少，但是当前治理中需要解决的问题是办学特色不鲜明、办学活力不够、人才培养质量不高，这些内部问题的解决主要依靠二级学院。如何根据我国的社会制度处理好内部治理主体的关系，构建起适合我国高等教育发展的二级学院内部治理是一项重要而迫切的任务。应用型大学内部治理有其特殊性，针对其特性学术界已经有一定的研究，关注到了社会参与治理的重要性，在社会参与应用型大学治理的背景下，应用型大学二级学院从制度安排、治理结构、组织架构、运行机制上如何实现社会有效参与大学治理，实现高校与社会的良性互动方面尚未提出较为系统的对策和建议，也没有更多基于实证的案例研究，本文着力尝试解决这一问题，分析我国应用型大学二级学院内部治理存在的问题，提出优化改进的策略，更好地推进应用型大学的建设。

（二）分析框架创新

通过对教育内外部关系规律理论、利益相关者理论、委托代理理论、协商治理理论等的基本观点和适用性分析，提炼出应用型大学二级学院内部治理的核心要素，通过对内部关系的全面分析，提出内部治理主体之间的关系模型也经历了一个不断发展演变的过程，从单向直线模型向双向互动模型转变、再转向平面多维互动模型，最终形成了多维互动模型。这个模型的构建，是基于理论分析的创新，能带动应用型大学二级学院治理效能整体提升，为后续研究提供实践分析框架，也能为其他研究人员提供一定的参考。

（三）核心观点创新

本研究选取应用型大学建设作为研究对象，将其办学实体二级学院作为观测点，以内部治理为切入点进行治理研究。从制度体系、治理结构、组织架构、运行机制 4 个方面提出我国应用型大学二级学院内部治理的完善策略。从完善大学章程、优化规章制度出发，提出建立实现多元共治的制度体系；从落实行政主体的双重职责、实行多元主体合作治学和实现全体师生权利共享 3 个维度，提出创建反映多维互动的治理结构；从建立扁平化的行政组织、应用型的教学组织、竞争性的科研组织等角度，提出搭建遵循应用逻辑的组织架构；从建立统一协调的决策机制、建立问题导向的执行机制、健全快速响应的监督机制等方面，提出打造体现高效协同的运行机制。这些核心观点能直接为应用型大学治理提供重要参考，从而起到推动地方高校加强应用型建设，实现应用型大学高质量发展的目的。

三、研究展望

本研究围绕应用型大学二级学院内部治理提出了一些设想，得出了一些研究结论，但这些设想和结论更多还只是停留在宏观和中观层面，运用理论分析框架针对现实问题进行了阐述，在微观层面的探索随着应用型大学建设实践不断地深入，还有较大的研究空间。例如，围绕校院权责关系如何协调处理，研究应用型大学二级学院的办学主体地位保障机制；研究应用型大学二级学院党委领导下的院长负责制；针对应用型大学的特性，研究扁平化管理在二级学院内部治理中的适用性；针对引入外部社会力量参与应用型大学二级学院内部治理，研究现代产业学院内部治理等。

附录 1：调研函

关于向×××学院学习调研的函

×××学院：

贵校应用型建设取得了明显的成效，形成了独特的经验，为学习贵院的先进办学经验和发展模式，加强贵我两院的友好合作交流，我院拟安排×××向贵院学习调研，请予接洽。

一、学习调研对象

1. 学校相关校领导 2 人；
2. 学校相关职能部门负责人 4 人；
3. 二级学院院长 3 人、党委书记 3 人，其他院领导 6 人；
4. 二级学院学术委员会成员和一般教师各 3 人；
5. 二级学院学生会主席 3 人、团委副书记（学生）3 人；
6. 二级学院校企合作企业负责人 3 人。

二、学习调研内容

1. 贵校二级学院内部治理的制度安排情况，包括党委会会议、党政联席会议、学术委员会、教代会、学代会等；

2. 贵校二级学院内部治理主体之间的关系，如行政权力、学术权力和民主权利等；

3. 贵校二级学院内部治理的组织架构情况；

4. 贵校二级学院内部治理的运行机制情况；

5. 外部社会力量参与贵校二级学院内部治理的情况。

三、学习调研方式

主要通过电话访谈相关人员，学习贵院有关资料，视情况再进行实地考察和面谈。

四、学习调研资料

1.《×××学校关于加强和改进校院两级管理的意见》《×××学校校院两级管理办法》等加强二级学院内部治理文件，×××学校二级学院加强内部治理的有关文件制度、工作方案或工作举措。

2. ×××学校二级学院党政工作规程、党委会会议议事规则、党政联席会议议事规则、学术委员会章程，×××学校二级教职工代表大会实施细则、×××学校二级学生代表大会实施细则等制度。

3. ×××学校二级学院内部治理组织架构。

4. ×××学校二级学院引入外部社会力量参与学院内部治理的有关文件制度、工作方案或工作举措。

五、联系人及电话

联系人：×××

联系电话：×××

附件 1：访谈提纲（学校领导及职能部门领导）

附件 2：访谈提纲（学院领导）

附件 3：访谈提纲（学术委员会教授及教职工）

附件 4：访谈提纲（学生）

附件 5：访谈提纲（校企合作企业负责人）

×××学院

×年×月×日

附录 2：访谈提纲

访谈提纲（校领导及职能部门领导）

访谈对象：　　　　　　　　　所在学校及部门：

职务/职称：　　　　　　　　　访谈时间及地点：

1. 您认为贵校推进应用型转型过程中，在贵校二级学院内部治理（如制度安排、权力配置、组织架构和运行机制）上取得哪些成绩，还需要进行怎样变革？

2. 围绕加强应用型建设，您认为贵校二级学院在内部治理过程中取得哪些成绩？存在哪些问题？其中最大的问题是什么？

3. 您认为贵校的校院两级权力配置情况如何（如人事管理权、财务管理权、资产配置权、事项管理权等）？有什么建议？

4. 您对引入外部社会力量参与贵校二级学院内部治理是怎么看待的？您觉得在这方面开展情况如何？有什么建议？

5. 从应用型大学建设的任务要求出发，您对优化贵校二级学院内部治理还有哪些其他意见建议？

访谈提纲（学院领导）

访谈对象：　　　　　　　　所在学校及部门：
职务/职称：　　　　　　　　访谈时间及地点：

1. 您认为推进应用型转型，在贵校二级学院内部治理（如制度安排、权力配置、组织架构和运行机制）上需要进行怎样变革？

2. 围绕加强应用型建设，您认为贵校二级学院在内部治理过程中有哪些好的做法和成效？

3. 贵校二级学院在内部治理上有哪些制度安排（如党委会、党政联席会议、学术委员会、教代会、学代会等制度）？这些制度执行情况如何？有什么建议？

4. 您觉得贵校的校院两级权力配置情况如何（如人事管理权、财务管理权、资产配置权、事项管理权等）？有什么建议？

5. 您觉得贵校二级学院党委（党总支）与行政之间的关系如何？您如何看待党委领导下的院长负责制？（如果学院党委书记由原来的党员院长来担任，或者是由"党建强、业务强"的双带头人来担任）

6. 您觉得贵校二级学院行政权力与学术权力之间的关系如何？有什么建议？

7. 您觉得贵校二级学院教授、教师参与学术治理的情况如何？有什么建议？

8. 您觉得贵校二级学院教师和学生参与民主管理、民主监督的情况如何？有什么建议？

9. 贵校二级学院内部治理的组织架构是怎么样的？有什么建议？

10. 贵校二级学院内部管理运行是否顺畅？运行机制（决策、咨询、执行、监督等）是怎么样的？有什么建议？

11. 您对引入外部社会力量参与贵校二级学院内部治理是怎么看待的？您觉得在这方面开展情况如何？有什么建议？

12. 从应用型大学建设的任务要求出发，您对优化贵校二级学院内部治理还有哪些其他意见建议？

访谈提纲（教授及教职工）

访谈对象： 所在学校及部门：
职务/职称： 访谈时间及地点：

1. 您认为推进应用型转型，在贵校二级学院内部治理（如制度安排、权力配置、组织架构和运行机制）上需要进行怎样变革？

2. 您觉得贵校二级学院的校院两级权力配置情况如何（如人事管理权、财务管理权、资产配置权、事项管理权等）？有什么建议？

3. 您觉得贵校二级学院党委（党总支）与行政之间的关系如何？有什么建议？您如何看待党委领导下的院长负责制？（如果学院党委书记由原来的党员院长来担任，或者是由“党建强、业务强”的双带头人来担任）

4. 您觉得贵校二级学院学术委员会制度执行情况如何？行政权力与学术权力之间的关系如何？有什么建议？

5. 您觉得贵校二级学院教授、教师参与学术治理的情况如何？有什么建议？

6. 您觉得贵校二级学院教师和学生参与民主管理、民主监督的情况如何？有什么建议？

7. 您对引入外部社会力量参与贵校二级学院内部治理是怎么看待的？您觉得在这方面开展情况如何？有什么建议？

8. 从应用型大学建设的任务要求出发，您对优化贵校二级学院内部治理还有哪些其他意见建议？

访谈提纲（校企合作企业负责人）

访谈对象：　　　　　　　　　所在学校及部门：

职务/职称：　　　　　　　　　访谈时间及地点：

1. 您认为合作高校在推进应用型建设过程中，是怎样加强与企业的合作？有哪些具体举措？

2. 您在参与校企合作中存在哪些困难？其中最大的困难是什么？

3. 您主要参与合作高校二级学院的哪些工作？

4. 您是通过什么途径参与合作高校二级学院的内部治理？有什么体会？

5. 您在参与合作高校二级学院内部治理中享受哪些权力？

6. 您在参与合作高校二级学院内部治理实际运行过程中遇到什么问题？主要原因是什么？

7. 您对引入外部社会力量参与合作高校二级学院内部治理是怎么看待的？您认为合作高校在二级学院内部治理需要进行怎样变革？

8. 您对参与合作高校二级学院内部治理还有什么诉求？

访谈提纲（学生）

访谈对象：　　　　　　　　所在学校及部门：

职务/职称：　　　　　　　　访谈时间及地点：

1. 您觉得贵校学生参与民主管理、民主监督的情况如何？有什么建议？

2. 您对贵校二级学院涉及课程教学、人才培养方案修订、学生科研、评奖评优、学生活动等重大事项决策提出意见建议的方式与途径有哪些？在二级学院涉及以上重大事项决策中您有哪些诉求？您希望以什么方式参与二级学院重大事项决策？

3. 贵校二级学院学生（研究生）代表大会是否正常组织运行？开会主要讨论什么议题？拥有什么权力？

4. 从应用型大学建设的任务要求出发，您对优化贵校二级学院内部治理有哪些意见建议？

参考文献

别敦荣，2000．中美大学学术管理[M]．武汉：华中理工大学出版社．

别敦荣，2016．论我国大学治理[J]．山东高等教育，(2): 1-7.

别敦荣，2018．现代大学制度：原理与实践[M]．青岛：中国海洋大学出版社．

别敦荣，2021．大学管理与治理[M]．青岛：中国海洋大学出版社．

别敦荣，菲利普・阿特巴赫，2016．中美大学治理对谈[J]．清华大学教育研究，(4): 36-45.

蔡蕾，鲁世林，2017．“院为实体”校院两级管理体制改革的三个方向——基于中美研究型大学的比较研究[J]．高教探索，(11): 83-88.

曹叔亮，2014．大学内部治理的关键自变量及其改革路径[J]．教育发展研究，(23): 59-66.

陈廷柱，2017．院系治理改革的路径选择及其系统化策略[J]．中国高教研究，(1): 8-12.

程北南，2011．美国大学治理结构的启示和借鉴[J]．高教探索，(4): 55-60.

程丽华，高大千，2016．德国应用技术大学办学模式对我国应用技术大学的启示[J]．教育教学论坛，(23): 209-211.

储著斌，2016．潘懋元教授现代大学治理思想述评[J]．黑龙江高教研究，(3): 5-9.

德里克・博克，2012．大学的治理[J]．曲铭峰译．高等教育研究，(4): 15-24.

邓宏宝，濮海慧，2018．应用型高校内部治理结构研究[J]．教育评论，(1): 53-57.

邓云清，2008．新大学运动与英国高等教育的近代化[J]．高等教育研究，(1): 85-91.

付八军，2016．学以致用：应用型大学的灵魂[J]．教育发展研究，(19): 24-29.

甘永涛，2007．英国大学治理结构的演变[J]．高等教育研究，(9): 88-92.

龚震伟，1998．应用型本科应重视创造性的培养[J]．江南论坛，(3): 41.

顾建民，2017．大学治理模式及其形成机理[M]．杭州：浙江大学出版社．

管培俊，2018．大学内部治理结构：理念与方法[J]．探索与争鸣，(6): 28-31.

郭平，2013．现代大学制度与高校内部治理[M]．长春：东北师范大学出版社．

韩伏彬，2017．新建本科院校应用转型之实践教学探讨：德国应用科技大学的启示[J]．上海教育评估研究，(4): 54-58.

韩福国，2017．我们如何具体操作协商民主——复式协商民主决策程序手册[M]．上海：复旦大学出版社．

何淑通，2017．大学内部治理结构的类型分析[J]．当代教育科学，(7): 50-54.

洪源渤，2010．共同治理——论大学法人治理结构[M]．北京：科学出版社．

侯浩翔，钟婉娟，2016．学生参与高校治理的价值逻辑与机制建构[J]．教育评价，(6): 72-75.

胡建华，2006．大学制度改革论[M]．南京：南京师范大学出版社．

胡建华，2021．大学内部治理中的校院关系[J]．江苏高教，(12): 1-6．

胡钦晓，2014．英国“新大学”的演变及其特征分析[J]．苏州大学学报(教育科学版)，(3): 86-95．

胡玉玺，程海威，2016．现代大学制度文化建设：内涵、现状、策略[J]．现代大学教育，(4): 102-109．

黄达人，2012．大学的声音[M]．北京：商务印书馆．

黄福涛，2003．外国高等教育史[M]．上海：上海教育出版社．

贾德永，王晓燕，2011．日本国立大学法人化改革后的大学治理结构[J]．高等教育研究，(5): 97-103．

姜华，黄帅，2017．基于社会网络分析的高校二级学院权力研究[J]．现代教育管理，(6): 1-7．

姜明安，2006．软法与公共治理[M]．北京：北京大学出版社．

蒋达勇，2014．现代国家建构中的大学治理——基于中国经验的实证分析[M]．北京：中国社会科学出版社．

蒋达勇，2016．学术委员会撬动大学治理改革的理论与实践[J]．高教探索，(7): 42-46．

金顶兵，闵维方，2004．论大学组织的分化与整合[J]．高等教育研究，(1): 32-38．

景和平，王国美，1992．浅谈高校纵向、横向科研课题之间的关系[J]．安庆师院社会科学学报，(1): 123-125．

科尔，1993．大学的功用[M]．陈学飞等，译．南昌：江西教育出版．

李爱彬，经曼，2016．2011 协同创新中心组织管理模式与机制研究——以首批行业产业类协同创新中心为例[J]．现代教育管理，(8): 50-55．

李德才，2019．创新应用型高校治理结构的思考[J]．应用型高等教育研究，(4): 14-18．

李福华，2018．新时代我国大学治理的基本特征、优势特色及推进路径[J]．高等教育研究，(4): 1-7．

李福华，2008．大学治理的理论基础与组织架构[M]．北京：教育科学出版社．

李福华，2008．大学治理与大学管理：概念辨析与边界确定[J]．北京师范大学学报(社会科学版)，(4): 19-25．

李福华，2012．大学治理与大学管理[M]．北京：人民出版社．

李世奇，张珏，2020．新一轮高校空间布局面临的挑战及其应对[J]．教育发展研究，(5): 6-12．

李硕豪，阎月勤，2000．高校培养模式刍议[J]．吉林教育科学，(2): 43-44．

李维安，王世权，2013．大学治理[M]．北京：机械工业出版社．

李瑛，吴荣顺，2021．巡察视域下的大学院(系)治理结构优化研究[J]．东南大学学报(哲学社会科学版)，(S2): 178-181．

李正元，付鹏，2016．澳大利亚大学内部治理结构对我国大学廉政建设的启示[J]．高等理科教育，(1): 74-79．

刘静，2021．院系协商共治推进高校治理现代化的探究[J]．湖南师范大学教育科学学报，(6): 103-108．

刘军仪，2016．现代大学制度视角下的大学章程建设研究[J]．中国人民大学教育学刊，(4): 113-123．

刘良华，2014．教育研究方法(第 2 版)[M]．上海：华东师范大学出版社．

刘献君，2012．论大学内部权力的制约机制[J]．高等教育研究，(3): 1-10．

刘献君，赵彩霞，2022. 在融合中生长：应用型人才培养路径探索[J]. 高等教育研究，(1): 79-85.

刘向兵，姚荣，2016. 应用型大学内部治理结构变革的法理依据与模型构建[J]. 中国高教研究，(6): 56-59.

刘新民等，2015. 学院制权力配置演变影响因素及对策[J]. 现代教育管理，(9): 35-39.

刘有贵，蒋年云，2006. 委托代理理论述评[J]. 学术界，(1): 69-78.

刘振天，1998. 也论“教育内部关系规律与外部关系规律”说[J]. 清华大学教育研究，(1): 21-27.

罗伯特・伯恩鲍姆，2003. 大学运行模式：大学组织与领导的控制系统[M]. 别敦荣译. 青岛：中国海洋大学出版社.

罗西瑙，2001. 没有政府的治理[M]. 张胜军等，译. 南昌：江西人民出版社.

[德]马克斯・韦伯，2010. 学术与政治[M]. 钱永祥，等译. 桂林：广西师范大学出版社.

[英]迈克尔・夏托克，1987. 高等教育的结构和管理[M]. 王义端，译. 上海：华东师范大学出版社.

孟倩，2016. 大学内部治理的分权与制衡—博弈论的视角[M]. 北京：中央编译出版社.

闵维方，2001. 社会主义市场经济条件下高等教育运行机制的基本框架[J]. 高等教育研究，(4): 28-34.

[德]尼可拉斯・卢曼・尼克拉斯，2005. 权力[M]. 瞿铁鹏，译. 上海：上海人民出版社.

倪其润，苏立宁，2017. 国外大学内部治理结构典型模式的启示与借鉴[J]. 三峡大学学报(人文社会科学版)，(3): 109-112.

潘懋元，1990. 教育外部关系规律辨析[J]. 厦门大学学报(哲学社会科学版)，(2): 1-7.

潘懋元，2010. 潘懋元文集卷三・问题研究(上)[M]. 广州：广东高等教育出版社，2010.

潘懋元，2010. 什么是应用型本科?[J]. 高教探索，(1): 10-11.

潘懋元，车如山，2009. 略论应用型本科院校的定位[J]. 高等教育研究，(5): 35-38.

平和光，姜朝晖，2016. 适应还是超越：我国高等教育改革范式的深思——基于张力的视角[J]. 山东高等教育，(4): 78-92.

亓丽媛，李涛，2011. 美国赠地学院对我国高等教育改革的启示[J]. 中国电力教育，(32): 1-6.

齐炜，谌莲莲，2021. 基于扎根理论的高等职业院校二级学院院长角色研究[J]. 合肥学院学报(综合版)，(3): 128-134.

钱颖一，2015. 学院治理现代化：以清华大学经济管理学院为例[J]. 清华大学教育研究，(3): 1-6.

邱水平，2020. 中国特色现代大学治理的若干重要问题探析[J]. 北京大学教育评论，(1): 120-133.

冉育彭，2012. 美国赠地学院建设给我们的启示[J]. 重庆科技学院学报(社会科学版)，(15): 149-151.

尚洪波，2018. 高校内部治理结构改革：改革开放四十年来的回顾与展望[J]. 国家教育行政学院学报，(11): 23-28.

孙进，2012. 培养高层次应用型人才——德国应用科学大学独具特色的人才培养模式[J]. 世界教育信息，(19): 23-26.

汤建，2019. 我国大学院系治理现代化：学理认识、现实困境与实践路径[J]. 高校教育管理，(3): 44-50.

王光荣，骆洪福，2016. 高校二级学院院长的权力类型及协调——基于高校管理重心下移的思考[J]. 山东高等教育，(9): 1-7.

王红岩，张瑞林，2015. 大学内部治理改革存在的问题与发展趋势[J]. 东北师大学报(哲学社会科学版)，(3): 191-194.

王洪才，2008. 论大学内部治理模式与中位原则[J]. 江苏高教，(1): 5-8.

王洪才，2012. 大学治理的内在逻辑与模式选择[J]. 高等教育研究，(9): 24-29.

王洪才，2013. 教育内外部关系规律学说：中国教育学发展的一面镜子——潘懋元教授专访[J]. 苏州大学学报(教育科学版)，(1): 48-52.

王洪才，2013. 中国大学模式探索：中国特色的现代大学制度建构[M]. 北京：教育科学出版社.

王洪才，2015. 大学治理的四种内涵[J]. 苏州大学学报(教育科学版)，(4): 17-19.

王洪才，2016. 大学治理：理想・现实・未来[J]. 高等教育研究，(9): 1-7.

王建华，2004. 从自治到合作——联合国教科文组织关于大学理念的新观点[J]. 外国教育研究，(2): 22-25.

王建华，2008. 第三部门视野中的现代大学制度[M]. 广州：广州高等教育出版社.

王身余，2008. 从“影响”、“参与”到“共同治理”——利益相关者理论发展的历史跨越及其启示[J]. 湘潭大学学报(哲学社会科学版)，(6): 28-35.

王卫星，2008. 内部控制——基于高等院校的研究[M]. 北京大学出版社.

王岩，续润华，1998. 美国的“赠地学院”是如何为当地经济建设和社会发展服务的[J]. 河北师范大学学报：教育科学版，(3): 9-13.

温晓年，2021. “院系办校”治理新模式的转型逻辑与实践路径[J]. 教育探索，(6): 72-76.

文少保，2015. 高校智库服务政府决策的逻辑起点、难点与策略——国家治理能力现代化的视角[J]. 中国高教研究，(1): 34-38.

吴坚，2005. 高校管理中学术权力与行政权力的协调[J]. 高等教育研究，(8): 33-37.

吴万友，文沛先，2017. 我国高校二级学院权力配置与运行研究[J]. 南京工业职业技术学院学报，(4): 72-74.

吴万友，文沛先，2017. 我国高校二级学院权力配置与运行研究[J]. 南京工业职业技术学院学报，(4): 72-74.

吴先宁，2017. 论协商实效与协商伦理、协商能力[J]. 中央社会主义学院学报，(3): 110-116.

吴业春，2020. 地方应用型大学建设：定位、定向与定力[J]. 国家教育行政学院学报，(10): 11-16.

向东春，张应强，2017. 大学共治的内源动力与价值取向：基于大学内部权力互动关系的分析[J]. 高等教育研究，(10): 16-22.

谢峰，宋彩萍，2017. 高校院系治理改革的理念、困境与突破[J]. 复旦教育论坛，(4): 76-79.

谢潇潇，朱煜明，2016. 现代大学内部治理结构研究[J]. 当代教育与文化，(1): 91-94.

熊庆年，代林利，2006. 大学治理结构的历史演进与文化变异[J]. 高教探索，(1): 40-43.

徐立青，2013. 我国应用型大学的组织特征与体系设计[J]. 江苏高教，(5): 23-25.

宣勇，2005．大学组织结构研究[M]．北京：高等教育出版社．

宣勇，2016．论大学的校院关系与二级学院治理[J]．现代教育管理，(7): 1-5．

闫建璋，孙姗姗，2022．高校二级学院内部治理模式探析——基于权力配置差异的视角[J]．清华大学教育研究，(3): 123-133．

严文清，2011．中国大学治理结构研究[M]．北京：人民出版社．

阎凤桥，2006．大学组织与治理[M]．北京：北京同心出版社．

阎光才，2000．大学组织的管理特征探析[J]．高等教育研究，(4): 53-57．

杨朔镔，杨颖秀，2018．清华国学研究院之于“双一流”建设的启示意义——学术组织治理的视角[J]．高校教育管理，(4): 36-43．

姚加惠，2015．新建应用型本科高校的治理困境及对策[J]．西南交通大学学报(社会科学版)，(2): 89-95．

姚荣，2015．中国本科高校转型如何走向制度化——基于组织分析的新制度主义视角[J]．教育发展研究，(3): 1-10．

叶桂方等，2018．扩大办学自主权背景下的院系自我约束：困境与突破[J]．复旦教育论坛，(5): 46-52．

俞可平，2016．民主与陀螺[M]．北京：北京大学出版社．

俞信，1997．对素质和人才培养模式的基本认识[J]．工程教育研究，(4): 9-11．

袁潇，2015．地方高校向应用技术型高校转型中的治理结构[J]．现代教育管理，(6): 12-15．

朱建新，2019．地方应用型大学变革研究——以X学院为例[D]．浙江大学博士学位论文．

[美]詹姆斯．菲什金，2009．协商民主论争[M]．北京：中央编译出版社．

张德祥，2002．高等学校的学术权力与行政权力[M]．南京：南京师范大学出版社．

张德祥，2018．我国大学治理中的若干关系[J]．高等教育研究，(7): 1-8．

张德祥，黄福涛，2016．大学治理—权力运行制约与监督[M]．北京：科学出版社．

张德祥，姜华，2017．二级学院治理—权力运行制约与监督[M]．北京：科学出版社．

张海成，2022．深化校院两级管理改革的关键问题和路径探讨[J]．国家教育行政学院学报，(4): 18-23．

张继龙，2017．院系学术治理中的权力圈层结构——基于教师参与的视角[J]．高等教育研究，(4): 17-24．

张继明，2015．学术本位视域中的大学章程研究[M]．济南：山东人民出版社．

张继明，2016．现代大学制度视域下的大学章程建设[J]．决策与信息，(9): 121-127．

张继延，陆先亮，2017．大学内部治理体系现代化：理念、路径及内容[J]．江苏高教，(11): 41-43．

张丽萍，2008．地方本科院校向应用型大学转型的难点探析与路径选择[J]．理论月刊，(10): 97-100．

张倩，2010．英国大学内部治理结构及其启示[J]．当代教育科学，(1): 46-48．

张维迎，2012．大学的逻辑[M]．北京：北京大学出版社．

张翔，2012．德国宪法案例选释[M]．北京：法律出版社．

张烨，2022．“学院办大学”：西方传统与中国实践[J]．清华大学教育研究，(1): 70-77．

张胤，武丽民，2015．“行政主导”到“学术为本、权力共治”——从《高等学校学术委员会规程》看中国高校治理结构[J]．江苏高教，(1): 47-49．

张应强，1999．文化视野中的高等教育[M]．南京：南京师范大学出版社．

张应强，2020．在计划与市场之间：我国高等教育治理转型和治理体系建设[M]．武汉：华中科技大学出版社．

张应强，唐宇聪，2020．大学治理的特殊性与我国大学治理体系现代化[J]．清华大学教育研究，(3): 6-13．

赵蜀蓉等， 2014．委托代理理论及其在行政管理中的应用研究述评[J]．中国行政管理，(12): 119-122．

赵文华，龚放，2007．现代大学制度：问题与对策[M]．上海：上海交通大学出版社．

者昌贵，2010．我国高校决策失误的表现、诱因及控制[J]．高教探索，(4): 25-29．

钟秉林，王新凤，2016．我国地方普通本科院校转型发展若干热点问题辨析[J]．教育研究，(4): 4-11．

周光礼，2005．重构高校治理结构：协调行政权力与学术权力[J]．中国高等教育，(19): 8-9．

周光礼，2014．中国高等教育治理现代化：现状、问题与对策[J]．中国高教研究，(9): 16-25．

周友士，蒋亦华，2021．地方应用型大学特色发展：内涵阐释与实践策略[J]．华南师范大学学报(社会科学版)，(1): 90-99．

周作宇，赵美蓉，2011．高校校院权力配置研究[J]．国家教育行政学院学报，(1): 14-19．

朱海珅，韩泽林，2013．利益相关者理论下的大学内部治理研究[J]．内蒙古师范大学学报(教育科学版)，(5): 51-55．

左崇良，2013．现代大学的双层治理结构探索[J]．中国高教研究，(2): 21-25．

Carnegie Commission on Higher Education, 1973. Governance of Higher Education: six priorities problems [M]. New York: McGraw-Hill.

EDEL A, 1990. The struggle for academic democracy; Lessons from the1938 "revolution" in New York's City colleges [M].Philadelphia, PA: Temple University Press.

EDEL A, 1990. The struggle for academic democracy; Lessons from the1938 "revolution" in New York's City colleges [M]. Philadelphia, PA: Temple University Press.

FREEMAN, R.E，1984. Strategic Management: A Stakeholders Approach[M].Boston Pitman: 46.

LARRY GERBER, 2014.The Rise and Decline of Faculty Governance: Professionalization and the Modern American University[M]. Baltimore: John Hopkins University Press.

MITCHELL R K, AGLE B R, WOOD D J, 1997. Toward a theory of stakeholder identification and salience: Defining the principle of who and what really counts [J]. Academy of Management Review .

PETERS GUY, 2016. Cambridge. Comparative Governance : Rediscovering the Functional Dimension of Governing [M].New York: Cambridge University Press.